Langenscheidt

Training *plus* Latein

Gymnasium

1. Lernjahr

Barbara Mühlen
Elke Tausch

plus Online-Test- und Trainingscenter

Langenscheidt

Die Autorinnen

Elke Tausch ist Lehrerin für Latein und Geschichte sowie Beratungslehrerin an einem Gymnasium. Sie erstellt seit Jahren Unterrichts- und Freiarbeitsmaterialien in ihren beiden Fächern. Zusätzlich vermittelt sie fächerübergreifend Lernmethoden in der Unterstufe.

Barbara Mühlen ist Lehrerin für Latein und Deutsch an einem Gymnasium. Sie erstellt seit Jahren Unterrichts- und Freiarbeitsmaterialien in ihren Fächern für den Unterricht und für die Hausaufgabenbetreuung im Rahmen der Ganztagsschule.

Projektmanagement: Dorothea Leiser, Langenscheidt GmbH & Co. KG, München
Projektbetreuung: bookwise medienproduktion, München
Layout: Cordula Schaaf, München
Illustrationen: Ute Ohlms, Braunschweig
Covergestaltung: KW 43 BRANDDESIGN, Düsseldorf
Coverfoto: Pressmaster/Shutterstock
Übungen für das Online-Test- und Trainingscenter: Dr. Gotlind Blechschmidt

Der Zugriff auf das Online-Test- und Trainingscenter
zu diesem Buch ist gewährleistet bis 2017.

www.langenscheidt.de
www.langenscheidt.de/training-plus

Satz: Daniel Förster, Belgern; Carsten Klein, München
Repro: Lana Repro, Lana
Druck und Bindung: Stürtz GmbH, Würzburg

ISBN 978-3-468-60095-1

14010

Inhalt

„Haus der Vettier“, Pompeji

KAPITEL 1

Substantive

Marcus und Julia leben mit ihren Eltern in einer römischen Villa, in die jeden Tag viele Besucher kommen. Eines Tages herrscht große Aufregung im Haus: Die kostbare Statue der Göttin Vesta ist verschwunden!

Alles klar?! ››› Übungen ››› Abschlusstest ››› Online-Weiterüben

1.1 Die Merkmale der Substantive

Was verstehen wir unter Substantiven?

Alles klar?!

Substantive bezeichnen Gegenstände (die Villa), Personen (der Herr) und abstrakte Begriffe (die Bescheidenheit).

Ein **Herr** lebt in großer **Bescheidenheit** in einer römischen **Villa**.	**Dominus** magna cum **modestia** in **villa** Romana vivit.

Sie kommen im Lateinischen wie im Deutschen im Singular und Plural vor. Den Numerus (die Anzahl) kannst du an den Endungen des lateinischen Wortes erkennen.

Singular: der Herr – **Plural:** die Herren	**Singular:** domin**us** – **Plural:** domin**ī**

Im Lateinischen gibt es wie im Deutschen drei verschiedene *Genera* (Geschlechter): masculinum (m): männlich, femininum (f): weiblich, neutrum (n): sächlich.

der Herr (m)	domin**us** (m)
die Herrin (f)	domin**a** (f)
der Tempel (m)	templ**um** (n)

Nota bene!

Lerne für jedes Wort das Genus, da es oft nicht an der Endung erkennbar ist.

Innenhof des „Hauses der Vettier“, Pompeji

1.2 Die Kasus (Fälle) der Substantive

Was ist typisch für Substantive?

Alles klar?!

Substantive werden **dekliniert**, das heißt in die verschiedenen **Kasus (Fälle)** gesetzt. Die Kasus kannst du an den Endungen erkennen.

der Herr, **des** Herrn, **dem** Herrn ... | domin**us**, domin**ī**, domin**ō** ...

Im Lateinischen gibt es sechs verschiedene Kasus.

1. Kasus	**Nominativ**	**Wer oder was** tut etwas?
2. Kasus	**Genitiv**	**Wessen** Ding ist das?
3. Kasus	**Dativ**	**Wem** gebe ich etwas?
4. Kasus	**Akkusativ**	**Wen** oder was klage ich an?
5. Kasus	**Ablativ**	**Womit, mit wem, wodurch, wann, wo** geschieht etwas? **Wovon** ist etwas getrennt?
6. Kasus	**Vokativ**	**Wer** ist angesprochen?

Nota bene!

In den meisten Fällen stimmt der Nominativ mit dem Vokativ überein.

Übung **Was gehört zusammen? Suche Begriffspaare und verbinde diese.**

Kasus	5. Fall
Ablativ	grammatisches Geschlecht
Nomen	Fall
Genus	Substantiv
Numerus	Anzahl

Lösungen Seite 98

1.3 a-Deklination (1. Deklination)

Endung und Genus der a-Deklination

Alles klar?!

Fast alle Substantive der a-Deklination sind Feminina (weiblich).

Singular		
Nominativ/Vokativ	domin**a**	die Herrin/(oh) Herrin!
Genitiv	domin**ae**	der Herrin
Dativ	domin**ae**	der Herrin
Akkusativ	domin**am**	die Herrin
Ablativ	domin**ā**	mit der/durch die Herrin
Plural		
Nominativ/Vokativ	domin**ae**	die Herrinnen/(oh) Herrinnen!
Genitiv	domin**ārum**	der Herrinnen
Dativ	domin**īs**	den Herrinnen
Akkusativ	domin**ās**	die Herrinnen
Ablativ	domin**īs**	mit den/durch die Herrinnen

››› Übung 1 Unterstreiche in der folgenden Geschichte alle Substantive der a-Deklination und bestimme ihren Kasus und Numerus!

Eine Statue verschwindet

Eine reiche römische Familie verbringt wie üblich ihren Morgen. Es herrscht das gewöhnliche Treiben. Plötzlich passiert etwas Unerwartetes: Etwas im Haus fehlt. Wo kann es sein?

1 Marcus et Iulia in magna villa vivunt. Hodie liberi cum familia in atrio villae sedent, quia
2 salutationem clientium exspectant. Tandem viri intrant et patronum salutant. Et dominus
3 salutat et amicis aliquid cibi dat. Paulo post discedunt. Subito servae magna voce clamant.
4 Quid est? Statua aurea deae Vestae deest!

Wortschatz: salutatio clientium *Aufwartung der Klienten (in Rom besuchen die* clientes *jeden Morgen ihren* patronus, *der ihnen etwas zu essen und kleine Geldgeschenke gibt)*

1. Zeile: ....

2. Zeile: ....

3. Zeile: ....

4. Zeile: ....

››› Übung 2 Übersetze den Text aus Übung 1. (Schreibe in dein Heft.)

 Lösungen Seite 98

1.4 o-Deklination (2. Deklination)

Endung und Genus: das Maskulinum und das Neutrum

Alles klar?!

Fast alle Substantive der o-Deklination mit der Endung **-us** sind **Maskulina**.
Die Substantive der o-Deklination mit der Endung **-um** sind **Neutra**.

Singular

	Maskulinum		**Neutrum**	
Nominativ	domin**us**	der Herr	templ**um**	der Tempel
Genitiv	domin**ī**	des Herrn	templ**ī**	des Tempels
Dativ	domin**ō**	dem Herrn	templ**ō**	dem Tempel
Akkusativ	domin**um**	den Herrn	templ**um**	den Tempel
Ablativ	domin**ō**	mit dem/durch den Herrn	templ**ō**	mit dem/durch den Tempel
Vokativ	domin**e**	(oh) Herr!	–	–

Plural

	Maskulinum		**Neutrum**	
Nominativ	domin**ī**	die Herren	templ**a**	die Tempel
Genitiv	domin**ōrum**	der Herren	templ**ōrum**	der Tempel
Dativ	domin**īs**	den Herren	templ**īs**	den Tempeln
Akkusativ	domin**ōs**	die Herren	templ**a**	die Tempel
Ablativ	domin**īs**	mit den/durch die Herren	templ**īs**	mit den Tempeln/durch die Tempel
Vokativ	domin**ī**	(oh) Herren!	–	–

Die Substantive auf -(e)r

Die Deklinationsformen der Substantive auf **-(e)r** unterscheiden sich nur im Nominativ/Vokativ Singular von denen der Substantive auf **-us**. Ergänze die Tabelle!

Singular

Nom./Vok.	pu**er**	der Junge	vi**r**	der Mann
Genitiv	puer**ī**	des Jungen	vir**ī**	des Mannes
Dativ	puer**ō**	dem Jungen	vir**ō**	dem Mann
Akkusativ	puer**um**	den Jungen	vir**um**	den Mann
Ablativ	puer**ō**	mit dem/durch den Jungen	vir**ō**	mit dem/durch den Mann

Plural

Nom./Vok.	puer**ī**	die Jungen	vir**ī**	die Männer
Genitiv	puer**ōrum**	der Jungen	vir**ōrum**	der Männer
Dativ	puer**īs**	dem Jungen	vir**īs**	den Männern
Akkusativ	puer**ōs**	die Jungen	vir**ōs**	die Männer
Ablativ	puer**īs**	mit den/durch die Jungen	vir**īs**	mit den Männern/durch die Männer

Übung 1 Vervollständige mit dem entsprechenden Kasus im Singular oder Plural.

Singular	Plural
aedificii	
	agri
	amicos
servo	
	virorum
donum	
agro	
	avi

Übung 2 Unterstreiche die richtigen Formen!

Nach dem Verschwinden der Statue machen sich alle Mitglieder der „familia" auf die Suche.

1. Dominus **servus/servi/servos** vocat.
2. **Servi/servis/servorum** in atrium properant.
3. Cuncti **magnum studium/magni studii/magno studio** statuam auream quaerunt.
4. Liberi in cubiculum **dominum/dominis/domini** currunt.
5. Sed statuam in **aedifium/aedificio/aedificiorum** invenire non possunt.

Übung 3 Übersetze die Sätze aus Übung 2. (Schreibe in dein Heft.)

Nota bene!

Bei manchen Substantiven auf *-er* fällt in den anderen Kasus das *-e-* weg.
Beispiel: *magister, magistri*: Herr

Römisches Wohn- und Speisezimmer (*oecus*, links) und Schlafzimmer (*cubiculum dormitorium*, rechts), Römermuseum Augusta Raurica

 Lösungen Seite 98–99

1.5 Konsonantische Deklination (3. Deklination)

Die Formen der konsonantischen Deklination

Alles klar?!

In der dritten Deklination unterscheidet man die konsonantische und die i-Deklination. In diesem Buch lernst du die rein konsonantische Deklination kennen.

Singular

	Maskulinum/Femininum		**Neutrum**	
Nominativ	senator	der Senator	corp**us**	der Körper
Vokativ		(oh) Senator!	–	–
Genitiv	senatōr**is**	des Senators	corpor**is**	des Körpers
Dativ	senatōr**ī**	dem Senator	corpor**ī**	dem Körper
Akkusativ	senatōr**em**	den Senator	corp**us**	den Körper
Ablativ	senatōr**e**	mit dem/durch den Senator	corpor**e**	mit dem/durch den Körper

Plural

	Maskulinum/Femininum		**Neutrum**	
Nominativ	senatōr**ēs**	die Senatoren	corpor**a**	die Körper
Vokativ		(oh) Senatoren!	–	–
Genitiv	senatōr**um**	der Senatoren	corpor**um**	der Körper
Dativ	senatōr**ibus**	den Senatoren	corpor**ibus**	den Körpern
Akkusativ	senatōr**ēs**	die Senatoren	corpor**a**	die Körper
Ablativ	senatōr**ibus**	mit den/durch die Senatoren	corpor**ibus**	mit den Körpern

Nota bene!

Im Neutrum ist der Vokativ ungebräuchlich.

Übung 1 **Aut dominus aut imperator? – Bilde zu den Formen von *dominus* die entsprechenden Formen von *imperator.***

1. domini ....
2. dominum ....
3. domino ....
4. dominis ....
5. dominorum ....
6. dominos ....

Lösungen Seite 99

Übung 2 **Sortiere die Wörter unten in die richtigen Spalten der Tabelle ein (jeweils links) und übersetze die Formen (rechts daneben). In Klammern steht, auf wie viele Arten du sie übersetzen kannst.**

puellae (3) – oculi (2) – sororem – serva (2) – aedificiorum – patronum – periculis (2) – fugae (3) – victoribus (2) – nocte – clamoris – auxilio (2) – consilium (2) – senatorum – timori – dei (2) – fures (2) – matronas – filiam

a-Deklination		o-Deklination		konsonantische Deklination	
....	....	....	....	....	....
....	....	....	....	....	....
....	....	....	....	....	....
....	....	....	....	....	....
....	....	....	....	....	....
....	....	....	....	....	....
....	....	....	....	....	....
....	....	....	....	....	....
....	....	....	....	....	....
....	....	....	....		
		....	....		
		....	....		

Übung 3 **Hin und her! – Übersetze folgende Wörter.**

Achtung: Es gibt manchmal mehrere Möglichkeiten! Achte auf die Zahlen in der Klammer.

Lateinisch	Deutsch
....	der Mutter (2)
....	
sorori	....
patrum	....
....	die Senatoren
orationibus (2)	....
	....
....	dem Dieb
....	mit den Schwestern
homines	....
consulis	....
....	des Feldherrn
furem	....

 Lösungen Seite 99

ONLINE
TESTEN & WEITERÜBEN
www.trainingplus-schule.de
Benutzername: lateinplus6-1
Passwort: testfit

Abschlusstest (45 Minuten)

Aufgabe 1 **Unterstreiche alle Substantive und bestimme sie nach Kasus, Numerus und Genus.**

Aufregung am frühen Morgen

1. Mane familia viri Romani in atrio sedet et salutationem clientium exspectat.

2. Multi viri veniunt et patronum salutant.

3. Patronus amicis cibos dat.

4. Dona domini etiam liberis placent.

5. Subito cuncti magnum clamorem audiunt.

6. Domina vocat: Ubi est statua aurea deae Vestae?

Punkte: ☐ von 16

Aufgabe 2 Übersetze die Sätze aus Aufgabe 1.

1.

2.

3.

4.

5.

6.

Punkte: ☐ von 18 (für jedes Wort einen halben Punkt)

Aufgabe 3 Formenkette: Bilde die angegebenen Formen.

1. **timor:** Dat. → Abl. → Pl. → Akk. → Gen. → Sg.

2. **dea:** Gen. → Pl. → Akk. → Sg. → Dat. → Pl.

3. **periculum:** Abl. → Pl. → Nom. → Sg. → Akk. → Pl.

4. **vir:** Pl. → Gen. → Abl. → Sg. → Gen. → Dat.

Punkte: ☐ von 12 (je Form ein halber Punkt)

GESCHAFFT

Gesamtpunktzahl: ☐ von 46

0–20: Leider ist dir noch zu vieles unklar. Arbeite deshalb das Kapitel noch einmal gründlich durch.

21–39: Teilweise kannst du die Aufgaben schon gut beantworten, aber manchmal bist du noch ziemlich unsicher. Arbeite deshalb noch einmal die Übungen durch, in denen du beim ersten Mal viele Fehler hattest.

40–46: Prima! Du kennst dich schon richtig gut aus und weißt über die einzelnen Bereiche der Substantive gut Bescheid. Weiter so!

 Lösungen Seite 100

Statue der „Venus von Milo"

KAPITEL 2

Adjektive

Wer hat die Statue gestohlen? Marcus und Julia überlegen, ob unter den Gästen eine verdächtige Person war. Da fällt ihnen etwas ein ...

Alles klar?! ››› Übungen ››› Abschlusstest ››› Online-Weiterüben

2.1 Adjektive der a- und o-Deklination

Die Deklination der Adjektive der a- und o-Deklination

Alles klar?!

Die Adjektive der a- und o-Deklination werden dekliniert wie die Substantive der a- und o-Deklination.

1. Adjektive auf -us, -a, -um: laet**us**, laet**a**, laet**um** *fröhlich*

	Singular			Plural		
	m	**f**	**n**	**m**	**f**	**n**
Nominativ	laet**us**	laet**a**	laet**um**	laet**ī**	laet**ae**	laet**a**
Genitiv	laet**ī**	laet**ae**	laet**ī**	laet**ōrum**	laet**ārum**	laet**ōrum**
Dativ	laet**ō**	laet**ae**	laet**ō**	laet**īs**	laet**īs**	laet**īs**
Akkusativ	laet**um**	laet**am**	laet**um**	laet**ōs**	laet**ās**	laet**a**
Ablativ	laet**ō**	laet**ā**	laet**ō**	laet**īs**	laet**īs**	laet**īs**
Vokativ	laet**e**	laet**a**	laet**um**	laet**ī**	laet**ae**	laet**a**

Nota bene!

Der Vokativ der Adjektive unterscheidet sich vom Nominativ nur im Maskulinum Singular und hat die gleiche Endung wie der Vokativ der Substantive: *-e*
Beispiel: Nom.: ***laetus*** → Vok.: ***laete***

2. Adjektive auf -er, -era, -erum: mis**er**, mise**ra**, mise**rum** *elend, arm*

	Singular			Plural		
	m	**f**	**n**	**m**	**f**	**n**
Nominativ	miser	miser**a**	miser**um**	miser**ī**	miser**ae**	miser**a**
Genitiv	miser**ī**	miser**ae**	miser**ī**	miser**ōrum**	miser**ārum**	miser**ōrum**
Dativ	miser**ō**	miser**ae**	miser**ō**	miser**īs**	miser**īs**	miser**īs**
Akkusativ	miser**um**	miser**am**	miser**um**	miser**ōs**	miser**ās**	miser**a**
Ablativ	miser**ō**	miser**ā**	miser**ō**	miser**īs**	miser**īs**	miser**īs**
Vokativ	miser**e**	miser**a**	miser**um**	miser**ī**	miser**ae**	miser**a**

Nota bene!

Bei manchen Adjektive auf *-er, -(e)ra, -(e)rum* fällt, wie bei den Substantiven, das *-e-* weg.
Beispiel: *pulcher, pulchra, pulchrum*: schön, hübsch

Übung 1 **Verbinde die Substantive sinnvoll mit den passenden Adjektiven und übersetze die Wortverbindungen. (Achte auf den richtigen Kasus!)**

clamore	Romanis	clamore magno = mit großem Lärm
oculum	stultos	....
patri	pulchris	....
oratoribus	magno	....
hominum	severo	....
familiae	parvum	....
servos	liberum	....
feminis	laetae	....
hominem	multorum	....

Übung 2 **Setze die Adjektive in die passende Form und übersetze!**

Wer hat die Statue gestohlen?

Die Kinder überlegen, wer die Statue gestohlen haben könnte. Sie gehen alle Klienten durch, an die sich erinnern können. Da fällt ihnen ein: Ein Klient war heute zum ersten Mal da und er hatte merkwürdige Freunde dabei …

1. Liberi deliberant: Quis fur statuae .... (aureus) est?

   Übersetzung: ....

   ....

2. Marcus: Titus, vir toga .... (sordida), dominum semper salutat – statuam certe non habet.

   Übersetzung: ....

   ....

   ....

3. Iulia: Fabius amicus semper uxorem .... (aegrotus) ad salutationem ducit – statuam certe non habet.

   Übersetzung: ....

....

....

4. Marcus: Quintus filio .... (iucundus) crustula semper apportat – statuam certe non habet.

Übersetzung: ....

....

5. Iulia: .... (cunctus) viros cognoscimus. Sed virum .... (barbarus) cum duobus amicis .... (periculosus) nondum vidimus – statuam certe habet!

Übersetzung: ....

....

....

....

....

Wortschatz: sordidus, -a, -um *schmutzig* • aegrotus, -a, -um *krank* • crustulum *Gebäck, kleiner Kuchen* • duobus, duo *zwei* • vidimus *wir haben gesehen (Perfekt zu videre)*

Relief eines römischer Sarkophags, Iznik (Türkei)

2.2 Adjektive der 3. Deklination

Adjektive der 3. Deklination

Alles klar?!

Allgemeines zu den Kasusendungen

Die Endungen der Adjektive der 3. Deklination unterscheiden sich in einigen Kasus von den Endungen der Substantive der 3. Deklination, die du im ersten Kapitel (Seite 11) kennengelernt hast:

Kasus	Substantivendung	Adjektivendung
Ablativ Singular m/f/n	**-e**	**-ī**
Nominativ und Akkusativ Plural n	**-a**	**-ia**
Genitiv Plural m/f/n	**-um**	**-ium**

Alle anderen Formen stimmen mit denen der Substantive überein.

Drei-, zwei- und einendige Adjektive

Die Adjektive der 3. Deklination werden geordnet nach der Zahl der Endungen, die im Nominativ Singular vorkommen.
Dreiendige Adjektive der 3. Deklination enden im Maskulinum auf -er und haben für das Femininum und Neutrum einen eigenen Ausgang. Beispiele: *ac**er**, ac**ris**, ac**re**:* scharf; *cel**er**, celer**is**, celer**e**:* schnell
Zweiendige Adjektive der 3. Deklination haben für das Maskulinum und Femininum eine gemeinsame Endung und eine für das Neutrum. Beispiel: *omn**is** (m/f), omn**e** (n):* jeder
Einendige Adjektive der 3. Deklination haben im Nominativ Singular nur eine Form für alle drei Genera. Beispiel: *feli**x** (m/f/n):* glücklich

Die Deklination der Adjektive der 3. Deklination

a) Dreiendige Adjektive
Beispiel: **acer** *(m)*, **acris** *(f)*, **acre** *(n)*: scharf

	Singular			Plural		
	m	**f**	**n**	**m**	**f**	**n**
Nom./Vok.	acer	acr**is**	acr**e**	acr**ēs**	acr**ēs**	acr**ia**
Genitiv	acr**is**	acr**is**	acr**is**	acr**ium**	acr**ium**	acr**ium**
Dativ	acr**ī**	acr**ī**	acr**ī**	acr**ibus**	acr**ibus**	acr**ibus**
Akkusativ	acr**em**	acr**em**	acr**e**	acr**ēs**	acr**ēs**	acr**ia**
Ablativ	acr**ī**	acr**ī**	acr**ī**	acr**ibus**	acr**ibus**	acr**ibus**

b) Zweiendige Adjektive
Beispiel: **omnis** *(m)*, **omnis** *(f)*, **omne** *(n)*: jeder, jede, jedes

	Singular			Plural		
	m	**f**	**n**	**m**	**f**	**n**
Nom./Vok.	omn**is**	omn**is**	omn**e**	omn**ēs**	omn**ēs**	omn**ia**
Genitiv	omn**is**	omn**is**	omn**is**	omn**ium**	omn**ium**	omn**ium**
Dativ	omn**ī**	omn**ī**	omn**ī**	omn**ibus**	omn**ibus**	omn**ibus**
Akkusativ	omn**em**	omn**em**	omn**e**	omn**ēs**	omn**ēs**	omn**ia**
Ablativ	omn**ī**	omn**ī**	omn**ī**	omn**ibus**	omn**ibus**	omn**ibus**

c) Einendige Adjektive
Beispiel: **felix** *(m)*, **felix** *(f)*, **felix** *(n)*: glücklich

	Singular			Plural		
	m	**f**	**n**	**m**	**f**	**n**
Nom./Vok.	feli**x**	feli**x**	feli**x**	felic**ēs**	felic**ēs**	felic**ia**
Genitiv	felic**is**	felic**is**	felic**is**	felic**ium**	felic**ium**	felic**ium**
Dativ	felic**ī**	felic**ī**	felic**ī**	felic**ibus**	felic**ibus**	felic**ibus**
Akkusativ	felic**em**	felic**em**	feli**x**	felic**ēs**	felic**ēs**	felic**ia**
Ablativ	felic**ī**	felic**ī**	felic**ī**	felic**ibus**	felic**ibus**	felic**ibus**

Nota bene!

Da bei einigen Adjektiven der Wortstamm nicht an den Formen des Nominativ Singular zu erkennen ist, musst du den Genitiv Singular mitlernen. Beispiel: *felix, felicis*: Wortstamm *felic-*

Innenhof eines rekonstruierten römischen Wohnhauses, Römermuseum Augusta Raurica

››› Übung 1 Formenkette: Bilde die angegebenen Formen.

1. **puer tristis** → Pl. → Gen. → Sg. → Abl. → Pl.

   ....

   ....

2. **cura gravis** → Akk. → Dat. → Pl. → Gen. → Sg.

   ....

   ....

3. **equus celer** → Abl. → Pl. → Gen. → Akk. → Sg.

   ....

   ....

4. **fur audax** → Dat. → Pl. → Nom. → Abl. → Sg.

   ....

   ....

5. **templum omne** → Gen. → Pl. → Akk. → Dat. → Sg.

   ....

   ....

››› Übung 2 Bilde zu den Substantiven die passende Form des Adjektivs.

Der Herr erwartet Gäste. Es sind Freunde, die er lange nicht mehr gesehen hat und denen er sein Haus zeigt.

1. Dominus villam .... (ingens) amicis ....

   .... (nobilis) demonstrat.
2. In culina villae .... (ingens) coquus laborat.
3. Cottidie cibos .... (omnis) familiae parat.
4. Servi .... (omnis) multum laborare debent.
5. Nonnumquam vita servorum .... (infelix) dura est.
6. Dominus autem cum muliere vitam .... (felix) agit.
7. Amicis villa .... (illustris) placet.

Wortschatz: culina *Küche* · coquus *Koch*

2.3 Die Verwendung der Adjektive

Die Verwendung der Adjektive

Alles klar?!

Das Adjektiv als Attribut

Das Adjektiv kann zu einem Substantiv hinzutreten. Es verdeutlicht besondere Eigenschaften des Substantivs, das sein Bezugswort ist. Das Adjektiv als Attribut richtet sich in Kasus, Numerus und Genus nach dem Substantiv, zu dem es gehört (KNG-Kongruenz). Die Endungen von Adjektiv und Substantiv müssen nicht gleich sein, da sie oft unterschiedlich dekliniert werden.
Beispiel: domin**i** sever**i** – die strengen Herren; aber: patr**es** sever**i** – die strengen Väter

Das Adjektiv als Bestandteil des Prädikats

Das Prädikat eines Satzes kann durch *esse* mit einem Prädikatsnomen gebildet werden. Das Prädikatsnomen kann ein Adjektiv sein. Dieses stimmt dann in Kasus, Numerus und Genus mit dem Subjekt überein (KNG-Kongruenz).
Beispiele: Fur**es** content**i** sunt. – Die Diebe sind zufrieden.
Pate**r** liberorum content**us** non est. – Der Vater der Kinder ist nicht zufrieden.

››› Übung **Unterstreiche alle Adjektive, die als Attribut verwendet werden, rot und alle Adjektive, die als Prädikatsnomen verwendet werden, blau. Übersetze dann den Text.**

Die Diebe verschwinden!

1. Vir barbarus amicique periculosi fugiunt, quia statuam auream rapuerunt.

   Übersetzung: ....

   ....

2. Statua pulchra est.

   Übersetzung: ....

3. Fures statuam pulchram vendere in animo habent.

   Übersetzung: ....

4. Fures felices sunt et rident.

   Übersetzung: ....

5. Itaque fures audaces Esquilinum montem relinquunt et Suburam petunt.

   Übersetzung: ....

   ....

Wortschatz: rapuerunt *sie haben gestohlen (Perfekt zu rapere)* · Subura *Armenviertel im alten Rom*

ONLINE TESTEN & WEITERÜBEN
www.trainingplus-schule.de
Benutzername: lateinplus6-2
Passwort: testfit

Abschlusstest (45 Minuten)

Aufgabe 1 Forme die Wortverbindungen in die angegebenen Formen um!

1. **ars mira:** Akk. → Pl. → Dat. → Sg. → Abl. → Pl. → Nom.

....

....

....

2. **clamor magnus:** Pl. → Dat. → Sg. → Gen. → Pl. → Akk. → Sg.

....

....

....

3. **donum ingens:** Pl. → Akk. → Sg. → Abl. → Gen. → Pl. → Dat.

....

....

....

4. **puella felix:** Abl. → Pl. → Nom. → Gen. → Sg. → Dat. → Pl.

....

....

....

Punkte: ☐ von 28

Aufgabe 2 Übersetze den Text.

Wer könnte die Statue haben?

1. Quamquam liberi commoti in tota villa statuam quaerunt, nihil inveniunt. (5 P.)

....

....

2. Itaque infelices sunt et deliberant: Statua aurea deae Vestae certe rapta est! (6 P.)

....

....

3. Quis autem fur audax est? Quis statuam pulchram nunc habet? (5 P.)

....

....

4. Certe vir barbarus cum amicis periculosis statuam habet. (8 P.)

5. Ceteri viri homines probi honestique sunt. (3 P.)

6. Numquam in animo habent statuam patroni boni rapere. (4 P.)

Wortschatz: commotus *aufgeregt*

Punkte: ☐ von 31

Aufgabe 3 Singular und Plural: a) Unterstreiche in der linken Spalte die Adjektive mit dem dazugehörenden Substantiv. b) Setze diese Wortgruppe in der rechten Spalte in den anderen Numerus.

1. Statua aurea deae Vestae certe rapta est!
2. Certe vir barbarus cum amicis periculosis statuam habet.
3. Amici patroni boni numquam in animo habent statuam pulchram rapere.

Punkte: ☐ von 10

SUPER!

Gesamtpunktzahl: ☐ von 69

0–30: Leider ist dir noch zu vieles unklar. Arbeite deshalb das Kapitel noch einmal gründlich durch.

31–59: Teilweise kannst du die Aufgaben schon gut beantworten, aber manchmal bist du noch ziemlich unsicher. Arbeite deshalb noch einmal die Übungen durch, in denen du beim ersten Mal viele Fehler hattest.

60–69: Prima! Du kennst dich schon richtig gut aus und weißt über die einzelnen Bereiche der Adjektive gut Bescheid. Weiter so!

 Lösungen Seite 102–103

Wohn- und Lagerhäuser, Herculaneum

KAPITEL 3

Verben

Wo könnte der Dieb der Statue jetzt sein? Marcus und Julia wollen ihn suchen. Der Vater gibt ihnen einen Tipp. Sie machen sich auf den Weg in die Subura, das römische Armenviertel.

Alles klar?! ››› Übungen ››› Abschlusstest ››› Online-Weiterüben

3.1 Konjugationsklassen und Personalendungen

a-, e-, i- und konsonantische Konjugation

Alles klar?!

Im Lateinischen unterscheiden wir vier verschiedene Konjugationsklassen, die nach den Vokalen bzw. Konsonanten benannt sind, auf die der Wortstamm im Präsens endet:

Infinitiv	1. Pers. Sg. Präs.	Wortstamm im Präs.	Konjugationsklasse
vocāre	voc**ō**	voc**ā-**	a-Konjugation
monēre	mon**eō**	mon**ē-**	e-Konjugation
audīre	aud**iō**	aud**ī-**	i-Konjugation
agere	ag**ō**	**ag-**	konsonantische Konjugation
capere	cap**iō**	ca**pi-**	konsonantische Konjugation mit i-Erweiterung

Nota bene! Lerne von Anfang an die 1. Person Singular der Verben mit, da du nur so die Verben sicher konjugieren kannst.

Personalendungen

Die Personalendungen für den Präsensstamm (Präsens, Imperfekt, Futur I) lauten:

1. Pers. Sg.: -o/-m
2. Pers. Sg.: -s
3. Pers. Pl.: -t

1. Pers. Pl.: -mus
2. Pers. Pl.: -tis
3. Pers. Pl.: -nt

Die Endung für den Infinitiv Präsens lautet -re

››› Übung Nenne zu folgenden Verben Wortstamm und Konjugationsklasse, bestimme die Person und den Numerus und übersetze.

	Wortstamm	Konjugations-klasse	Person und Numerus	Übersetzung
properamus				
currit				
appropinquo				
fugitis				
agis				
audiunt				
vides				
vocatis				
ducimus				
spectat				
dico				

 Lösungen Seite 103

3.2 Präsens und Imperativ

Präsens und Imperativ

Alles klar?!

Das Präsens bilden wir, indem wir an den Wortstamm (+ Auslaut) die Personalendungen anfügen.

	a-Konjugation	e-Konjugation	i-Konjugation
1. Pers. Sg.	voc**ō** / ich rufe	monē**o** / ich mahne	audi**ō** / ich höre
2. Pers. Sg.	vocā**s** / du rufst	monē**s** / du mahnst	audī**s** / du hörst
3. Pers. Sg.	voca**t** / er, sie, es ruft	mone**t** / er, sie, es mahnt	audi**t** / er, sie, es hört
1. Pers. Pl.	vocā**mus** / wir rufen	monē**mus** / wir mahnen	audī**mus** / wir hören
2. Pers. Pl.	vocā**tis** / ihr ruft	monē**tis** / ihr mahnt	audī**tis** / ihr hört
3. Pers. Pl.	voca**nt** / sie rufen	mone**nt** / sie mahnen	audiu**nt** / sie hören

Nota bene! Bei der 1. Person Singular der a-Konjugation verschmilzt der Stammvokal *-a-* mit der Personalendung *-o* (→ vo<u>co</u>). Bei der 3. Person Plural der i-Konjugation wird der Bindevokal *-u-* eingefügt (→ audi<u>**unt**</u>).

	kons. Konjugation	kons. Konjugation (i-Erweiterung)
1. Pers. Sg.	ag**ō** / ich handle	capi**ō** / ich fange
2. Pers. Sg.	agi**s** / du handelst	capi**s** / du fängst
3. Pers. Sg.	agi**t** / er, sie, es handelt	capi**t** / er, sie, es fängt
1. Pers. Pl.	agi**mus** / wir handeln	capi**mus** / wir fangen
2. Pers. Pl.	agi**tis** / ihr handelt	capi**tis** / ihr fangt
3. Pers. Pl.	ag<u>u</u>**nt** / sie handeln	capi<u>u</u>**nt** / sie fangen

Der Imperativ ist die Befehlsform des Verbs. In der a-, e- und i-Konjugation besteht er im Singular nur aus dem Präsensstamm. Beispiel: *voca!* → rufe! In der konsonantischen Konjugation hat er jedoch die Endung -e. Beispiel: *age!* → handle!; *cape!* → fang!
Im Plural hat der Imperativ die Endung -te.

Infinitiv	Imperativ Singular	Imperativ Plural
vocāre	vocā! rufe!	vocā**te!** ruft!
monēre	monē! ermahne!	monē**te!** ermahnt!
audīre	audī! höre!	audī**te!** hört!
agere	ag**e!** handle!	agi**te!** handelt!
capere	cap**e!** fang!	capi**te!** fangt!

Nota bene!
Wichtige Ausnahmen bei Verben der konsonantischen Konjugation (mit Eselsbrücke):

Ducere: **duc!** – führe! Du	dicere: **dic!** – sage! dickes	facere: **fac!** – mache! faules	ferre: **fer!** – trage! Ferkel!

Übung 1 Hin und her! Ergänze die fehlenden Formen.

vide!	
	sie laufen herbei
	sag!
venitis	
	ich eile
petunt	
	wir sagen
	du spürst
	er wünscht
narrate!	

Übung 2 Bilde die angegebenen Formen. (Schreibe in dein Heft.)

1. **habeo** → Plural → 2. Person → Singular → 3. Person
2. **facit** → Plural → Imperativ → Singular → 1. Person
3. **clamas** → 1. Person → Plural → 2. Person → Imperativ

Übung 3 Übersetze den Text. (Schreibe in dein Heft.)

Wo ist der Dieb der Statue?
Marcus und Julia wissen nun, wer die Statue gestohlen haben muss. Jetzt stellt sich die Frage, wo der Dieb sein könnte. Es gibt so viele Möglichkeiten! Die Kinder überlegen: Wo sollen sie ihn suchen?

1. Liberi statuam invenire in animo habent.
2. Itaque Marcus et Iulia deliberant: „Ubi fur nunc est?“
3. Pater dicit: „Scio! Cliens novus in Subura habitat.“
4. Iulia: „Nunc Suburam petimus! Age, Marce!“
5. Marcus: „Nonne periculum times?
6. Iulia respondet: „Ego numquam periculum timeo!“
7. Tandem liberi villam in Esquilino monte sitam relinquunt et Suburam petunt.

Römische Steinstraße in Pompeji

3.3 Futur

Das Futur

Alles klar?!

Das Futur ist das Tempus der Zukunft. Im Deutschen gibst du es mit den Formen von *werden* + Infinitiv wieder. Beispiel: ridebo – ich *werde lachen*

Das Futur der a- und e-Konjugation
Das Kennzeichen für das Futur der a- und e-Konjugation ist *-b-* + Hilfsvokal *-i-*, *-u-* → *-bi-*, *-bu-*.

Das Futur der anderen Konjugationen
Das Kennzeichen für das Futur der i-Konjugation, der konsonantischen Konjugation und der konsonantischen Konjugation mit i-Erweiterung ist *-e-*. Nur die 1. Person Singular hat das Kennzeichen *-a-* und endet auf *-m*.

	a-Konj.	e-Konj.	i-Konj.	kons. Konj.	kons. Konj. (i-Erweiterung)
1. Pers. Sg.	vocā**bō**	monē**bō**	audi**am**	ag**am**	capi**am**
2. Pers. Sg.	vocā**bis**	monē**bis**	audi**ēs**	ag**ēs**	capi**ēs**
3. Pers. Sg.	vocā**bit**	monē**bit**	audi**et**	ag**et**	capi**et**
1. Pers. Pl.	vocā**bi**mus	monē**bi**mus	audi**ē**mus	ag**ē**mus	capi**ē**mus
2. Pers. Pl.	vocā**bi**tis	monē**bi**tis	audi**ē**tis	ag**ē**tis	capi**ē**tis
3. Pers. Pl.	vocā**bu**nt	monē**bu**nt	audi**e**nt	ag**e**nt	capi**e**nt

››› Übung 1 Heute oder morgen? – Trage die Formen in die richtigen Spalten der Tabelle ein und übersetze sie.

capiemus | agimus | gaudemus | videtis | audietis | comprehenditis | veniam | curram | traham | tacet | cedet | fugiet | vocas | iaces | videbis | stabunt | respondent

Präsens		Futur	
Form	Übersetzung	Form	Übersetzung

Lösungen Seite 104

››› Übung 2 In diesem Text fehlen die Prädikate. Bilde aus den angegebenen Verben Futurformen und übersetze den Text!

Was wird geschehen?
Nachdem die Kinder von ihrem Vater erfahren haben, dass der Dieb in der Subura lebt, brechen sie sofort auf, um ihn dort zu suchen. Der Weg ist weit und so haben sie viel Zeit sich auszumalen, was alles geschehen kann.

1. Iulia: „Certe furem ....inveniemus.... (nos – invenire). Sed fortasse fur fugere

   .... (cupere) et statuam .... (vendere).“

   Ü.: ....

   ....

2. Marcus: „Iulia, ... (tu – videre): Furem ....

   (nos – comprehendere), si cito .... (nos – currere).

   Ü.: ....

   ....

3. Tum pater statuam mox iterum .... (possidere).“

   Ü.: ....

4. Iulia: „Fortasse homines .... (venire) et ....
   (spectare).“

   Ü.: ....

   ....

5. Certe homines nos .... (interrogare): „‚Quid agitis? Cur virum capitis?‘“

   Ü.: ....

   ....

6. Marcus: „.............................. (ego – vocare): ‚Vir fur est.‘ Tum homines nobis auxilium

   .... (dare) et furem in Tiberim flumen .... (iacere)!“

   Ü.: ....

   ....

Latein-Raps

Hast du schon mal versucht, die Verbformen zu rappen? Das macht Spaß und du kannst sie dir leichter merken.

 Lösungen Seite 104

3.4 Imperfekt

Das Imperfekt **Alles klar?!**

Das Imperfekt ist ein lateinisches Vergangenheitstempus. Es wird immer dann verwendet, wenn in einem Text lang andauernde Zustände oder Wiederholungen geschildert werden. Im Deutschen wird es mit dem Präteritum wiedergegeben.
Das Kennzeichen für das Imperfekt ist *-ba-*.
Die Personalendungen des Imperfekts entsprechen den Personalendungen des Präsens. Die 1. Person Singular jedoch endet auf *-m*.

	a-Konj.	e-Konj.	i-Konj.	kons. Konj.	kons. Konj. (i-Erweiterung)
1. Pers. Sg.	vocā**ba**m	monē**ba**m	audiē**ba**m	agē**ba**m	capiē**ba**m
2. Pers. Sg.	vocā**bā**s	monē**bā**s	audiē**bā**s	agē**bā**s	capiē**bā**s
3. Pers. Sg.	vocā**ba**t	monē**ba**t	audiē**ba**t	agē**ba**t	capiē**ba**t
1. Pers. Pl.	vocā**bā**mus	monē**bā**mus	audiē**bā**mus	agē**bā**mus	capiē**bā**mus
2. Pers. Pl.	vocā**bā**tis	monē**bā**tis	audiē**bā**tis	agē**bā**tis	capiē**bā**tis
3. Pers. Pl.	vocā**ba**nt	monē**ba**nt	audiē**ba**nt	agē**ba**nt	capiē**ba**nt

Nota bene!

Bei der i-Konjugation, bei der konsonantischen Konjugation und bei der konsonantischen Konjugation mit i-Erweiterung wird nach dem Wortstamm im Präsens zusätzlich der Bindevokal -e- eingefügt.

Übung 1 **Formen über Formen! – Vervollständige die Tabelle.**

Präsens	Übersetzung	Imperfekt	Übersetzung
fugit			er floh
		trahebas	
	ihr seht		
			wir arbeiteten
vivunt			
	ich fürchte		
		amittebas	
			sie quälten
sentit			

Übung 2 **In diesem Text fehlen die Prädikate. Bilde aus den angegebenen Verben Futurformen und übersetze den Text!**

Was wird geschehen?

Auf der Suche nach dem Dieb errreichen die Kinder schließlich die Subura. Sie haben Hunger bekommen. Bei einem alten Mann, der an einem Stand am Straßenrand sitzt und kleine Snacks anbietet, kaufen sie etwas Gebäck. Sie kommen ins Gespräch und der alte Mann erzählt ihnen aus seiner Vergangenheit.

Senex narrat:

1. „Pater villam rusticam .... (possidere).

   ....

2. Vitam iucundam .... (ego – agere), quamquam familia multum laborare .... (debere).

   ....

   ....

3. Tum tempestates agros cunctos .... (delere) et curae magnae familiam .... (vexare).

   ....

   ....

4. In miseria diu .... (nos – vivere).

   ....

5. Denique omnia amisimus. Diu per terras .... (nos – ambulare) et nunc in Subura Romae vivimus."

   ....

   ....

Wortschatz: amisimus: *Perfekt von* amittere: *wir haben verloren*

Nota bene!

Ergänze im Deutschen immer das Possessivpronomen *mein, dein, sein* oder *unser* – auch dann, wenn es im Lateinischen nicht steht. Es macht deine Übersetzung verständlicher und flüssiger.

 Lösungen Seite 105

Abschlusstest (45 Minuten)

Aufgabe 1 **Ordne die Formen nach ihrem Tempus und übersetze sie.**

vivimus | vivemus | videmus | discedet | timet | tradit | vocabatis | ducetis | putabitis | discedam | vendebam | defendebam | agunt | laudabunt | respondebunt | capies | possides

Präsens		Futur		Imperfekt	
Form	Übersetzung	Form	Übersetzung	Form	Übersetzung
....	....	....	....	....	....
	....		....		....
....	....	....	....	....	....
	....		....		....
....	....	....	....	....	....
	....		....		....
....	....	....	....	....	....
	....		....		....
....	....	....	....	....	....
	....		....		....
....	....	....	....	....	....
	....		....		....
....	....	....	....	....	....
	....		....		....
....	....	....	....	....	....
	....		....		....

Punkte: ☐ von 17

Aufgabe 2 **Übersetze ins Lateinische.**

1. Der Mann erzählt den Kindern eine Geschichte. (4 P)

   Übersetzung: ....

2. Sie wohnten in einem Landhaus. (2 P)

   Übersetzung: ....

3. Ihr werdet ein großes Haus besitzen. (3 P)

   Übersetzung: ....

Punkte: ☐ von 9

Lösungen Seite 105

Aufgabe 3 **Vergangenheit – Gegenwart – Zukunft: Übersetze die Sätze und forme sie in die angegebenen Tempora um!**

1. Liberi statuam quaerunt.

   Übersetzung: ....

   Imperfekt: ....

   Futur: ....

2. Servus magna voce clamabat.

   Übersetzung: ....

   Präsens: ....

   Futur: ....

3. Furem inveniemus.

   Übersetzung: ....

   Präsens: ....

   Imperfekt: ....

4. Num Suburam times, Marce?

   Übersetzung: ....

   Imperfekt: ....

   Futur: ....

5. Magnum clamorem audietis.

   Übersetzung: ....

   Präsens: ....

   Imperfekt: ....

Punkte: ☐ von 15

Gesamtpunktzahl: ☐ von 41

0–20: Leider ist dir noch zu vieles unklar. Arbeite deshalb das Kapitel noch einmal gründlich durch.

21–34: Teilweise kannst du die Aufgaben schon gut beantworten, aber manchmal bist du noch ziemlich unsicher. Arbeite deshalb noch einmal die Übungen durch, in denen du beim ersten Mal viele Fehler hattest.

35–41: Bravo! Du weißt über die einzelnen Bereiche der Verben schon richtig gut Bescheid! Weiter so!

 Lösungen Seite 105

Antike Katakomben

KAPITEL 4

Präpositionen

Auf in die Cloaca Maxima! Marcus und Julia hoffen, den Dieb in der römischen „Unterwelt“, dem verzweigten Kanalnetz der römischen Kanalisation, zu finden.

Alles klar?! ››› Übungen ››› Abschlusstest ››› Online-Weiterüben

4.1 Die Verwendung von Präpositionen

Die Verwendung von Präpositionen

Alles klar?!

Präpositionen kommen immer mit einem Nomen vor, das in einem bestimmten Kasus steht. Im Lateinischen führen die meisten Präpositionen den Akkusativ oder Ablativ, selten auch den Genitiv mit sich. Im Deutschen steht nach den meisten Präpositionen der Dativ; manche Präpositionen haben allerdings auch den Akkusativ oder Genitiv bei sich.

Iulia **cum fratre** statuam quaerit. Julia sucht **mit ihrem Bruder** die Statue.
cum + Ablativ mit + Dativ

Präposition	örtlich	zeitlich	weitere Umstände
1. Präpositionen mit Akkusativ			
ad	zu, an, bei	bis zu, gegen	zu, ungefähr
ante	vor	vor	–
apud	bei	–	–
contra	–	–	gegen
extra	außerhalb	–	außer
inter	zwischen, unter	zwischen, während	–
intra	innerhalb	innerhalb, binnen	–
per	durch, hindurch	–	durch, wegen
post	nach, hinter	nach, seit	nach
praeter	an … vorbei	–	außer
propter	in der Nähe	–	wegen
2. Präpositionen mit Ablativ			
a/ab	von … her/aus	von … an, seit	von
cum	zusammen mit	–	mit, zu
de	von, von … herab	–	über, hinsichtlich
e/ex	von … aus, aus	von … an, seit	–
prae	vor	–	vor, wegen
pro	vor	–	für, anstelle von
sine	–	–	ohne
3. Präpositionen mit Akkusativ und Ablativ			
in mit *Akk.*	in (… hinein), nach, auf: Frage wohin?	–	gegen, gegenüber
in mit *Abl.*	in, an, auf: Frage wo?	in, während	–
sub mit *Akk.*	unter (… hin): Frage wohin?	kurz vor, gegen	–
sub mit *Abl.*	unter, unterhalb: Frage wo?	–	–

Nota bene! Im Lateinischen gibt es keine Präposition mit Dativ!

››› Übung Unterstreiche in den lateinischen und in den deutschen Sätzen alle Präpositionen mit dem jeweils dazugehörenden Nomen und bestimme den Kasus des Nomens.

Das Leben in der Subura

1. Senex in insula Suburae vivit.	Der alte Mann lebt in einem Mietshaus der Subura.
Kasus:	Kasus: ....
2. Cum uxore multum laborat, sed vitam pauperem agunt.	Mit seiner Frau arbeitet er viel, aber sie führen dennoch ein armes Leben.
Kasus:	Kasus: ....
3. Propter pauperitatem nihil possident.	Wegen ihrer Armut besitzen sie nichts.
Kasus:	Kasus: ....
4. Cottidie per vias Suburae in forum eunt et aliquid cibi vendunt.	Sie gehen täglich durch die Straßen der Subura zum Forum und verkaufen etwas zu essen.
Kasus 1:	Kasus 1: ....
Kasus 2:	Kasus 2: ....

Ruinen römischer Wohn- und Lagerhäuser, Pompeji

4.2 Die Präpositionalausdrücke

Die Präpositionalausdrücke

Alles klar?!

Die Verbindung einer Präposition mit einem Nomen nennt man Präpositionalausdruck. Mit Präpositionalausdrücken kann man Zeitangaben und Ortsangaben machen oder weitere Umstände, unter denen eine Handlung stattfindet, beschreiben.

Übung **Unterstreiche alle präpositionalen Ausdrücke und übersetze die Sätze. (Schreibe in dein Heft.)**

In der Cloaca Maxima

Trotz der spannenden Lebensgeschichte des Gebäckverkäufers drängt es die Kinder immer mehr, den Dieb zu finden. Da erzählt ihnen der Alte, dass sich Diebe mit ihren Hehlern häufig in der Cloaca Maxima, der weitläufigen römischen Kanalisation, treffen. Marcus und Julia sind froh, weil sie hoffen, den Dieb und seine Kumpane nun finden zu können. Bald werden sie die Statue nach Hause zurückbringen! Der alte Mann zeigt ihnen sogar den Eingang in die Cloaca Maxima, schenkt ihnen eine Fackel und verabschiedet sich.

1. Marcus et Iulia ante portam magnam stant.
2. Marcus portam aperit et cum Iulia in cloacam maximam descendit.
3. Sub viis et aedificiis urbis cuncta obscura sunt.
4. Sine luce liberi trepidant, itaque flammam celeriter incendunt.
5. Praeter liberos aqua cloacae maximae magno cum clamore fluit.
6. Subito liberi post magnum saxum locum sine aqua conspiciunt.
7. Ibi nonnullos homines vident. Ecce! Inter eos homines etiam fur statuae est.
8. Liberi appropinquant, sed fur cum sociis ascendit et in tenebras discedit.

Wortschatz: flamma, -ae f. *Flamme, Fackel* · celeriter (Adverb): *schnell* · fur, -is m. *Dieb* · tenebrae, -arum f. *Dunkelheit*

Lerntipp!

Du kannst auch Zeichnungen zu den Präpositionen anfertigen, damit du sie besser unterscheiden kannst. Hänge das Bild an einem Platz auf, an dem du es gut sehen kannst.

Unterirdisches Brunnenhaus, Augusta Raurica

 Lösungen Seite 106

ONLINE TESTEN & WEITERÜBEN
www.trainingplus-schule.de
Benutzername: lateinplus6-4
Passwort: testfit

Abschlusstest (40 Minuten)

Aufgabe 1 **Welcher Kasus passt? Bilde von dem Substantiv im präpositionalen Ausdruck die passende Form und übersetze das Ganze.**

	präpositionaler Ausdruck	Übersetzung
sub (murus) (2)	....	....
	....	....
post (villa)	....	....
e (fenestra)	....	....
pro (vir)	....	....
cum (amicus)	....	....
sine (gaudium)	....	....
in (templa) (2)	....	....
	....	....
prope (basilica)	....	....
de (senatores)	....	....
ante (curia)	....	....
a (mulier)	....	....

Punkte: ☐ von 26

Aufgabe 2 **Übersetze den Text!**

Auf der Suche nach der Statue und ihrem Dieb befinden sich Marcus und Julia in der Cloaca Maxima.

1. Ad meridiem timidi liberi per tenebras cloacae maximae properant.

   ....

2. Subito post saxum voces hominum audiunt.

   ....

3. Inter homines profecto fur cum sociis sedet et de statua narrat.

   ....

4. Liberi trepidant et, quia homines apud viros periculosos sunt, nihil contra furem et amicos agere possunt.

   ....

   ....

5. Subito fur et amici ab eo loco discedunt et ad exitum properant.

   ....

Punkte: ☐ von 26

Lösungen Seite 107

Aufgabe 3 **Wann? Wo? Wohin? Mit wem? … – Unterstreiche in jedem Satz die vollständigen Präpositionalausdrücke. Bestimme, ob sie eine zeitliche, örtliche oder weitere Angabe darstellen. (Der Text ist der gleiche wie in Aufgabe 2.)**

1. Ad meridiem timidi liberi per tenebras cloacae maximae properant.
2. Subito post saxum voces hominum audiunt.
3. Inter homines profecto fur cum sociis sedet et de statua narrat.
4. Liberi trepidant et, quia homines apud viros periculosos sunt, nihil contra furem et amicos agere possunt.
5. Subito fur et amici ab eo loco discedunt et ad exitum properant.

	Präpositionalausdruck	Bestimmung der Angabe
1. (2)	…………………………	…………………………
	…………………………	…………………………
2.	…………………………	…………………………
3. (3)	…………………………	…………………………
	…………………………	…………………………
	…………………………	…………………………
4. (2)	…………………………	…………………………
	…………………………	…………………………
5. (2)	…………………………	…………………………
	…………………………	…………………………

Punkte: ☐ von 9

Brunnenschacht, Augusta Raurica

Gesamtpunktzahl: ☐ von 61

0–30: Leider ist dir noch zu vieles unklar. Arbeite deshalb das Kapitel noch einmal gründlich durch.

31–55: Teilweise kannst du die Aufgaben schon gut beantworten, aber manchmal bist du noch ziemlich unsicher. Arbeite deshalb noch einmal die Übungen durch, in denen du beim ersten Mal viele Fehler hattest.

56–61: Bravo! Du weißt über die besonderen Eigenarten der Präpositionen schon richtig gut Bescheid! Weiter so!

Straße in Pompeji

Kapitel 5

Pronomina

Marcus und Julia haben in der Cloaca Maxima den Dieb entdeckt, doch er macht sich rechtzeitig aus dem Staub. Sie folgen ihm durch das unübersichtliche Kanalnetz, verlieren ihn jedoch aus den Augen und merken schließlich, dass sie sich verlaufen haben.

Alles klar?! ››› Übungen ››› Abschlusstest ››› Online-Weiterüben

5.1 Das Pronomen *is, ea, id*

is, ea, id

Alles klar?!

Formen

Das Pronomen *is, ea, id* hat meist die Endungen der a- und o-Deklination.
Es gibt allerdings folgende Besonderheiten bei der Formenbildung:

Nominativ und Akkusativ Singular Neutrum enden auf: **-d**
id = dieses

Genitiv Singular aller Genera endet auf: **-ius**
eius = dessen

Dativ Singular aller Genera endet auf: **-i**
ei = diesem

Wie in der Tabelle unten aufgeführt, sind im Nom. Pl. m, im Dat. Pl. m/f/n und im Ablativ Pl. m/f/n verschiedene Formen gebräuchlich. Die erste Form kommt allerdings häufiger vor.

		Singular		**Plural**	
Nom.	m	**is**	dieser	**iī/eī**	diese
	f	**ea**	diese	**eae**	diese
	n	**id**	dieses	**ea**	diese
Gen.	m	**eius**	dessen	**eōrum**	deren
	f	**eius**	deren	**eārum**	deren
	n	**eius**	dessen	**eōrum**	deren
Dat.	m	**eī**	diesem	**eīs/iīs**	diesen
	f	**eī**	dieser	**eīs/iīs**	diesen
	n	**eī**	diesem	**eīs/iīs**	diesen
Akk.	m	**eum**	diesen	**eōs**	diese
	f	**eam**	diese	**eās**	diese
	n	**id**	dieses	**ea**	diese
Abl.	m	**eō**	(mit) diesem	**iīs/eīs**	(mit) diesen
	f	**eā**	(mit) dieser	**iīs/eīs**	(mit) diesen
	n	**eō**	(in) diesem	**iīs/eīs**	(in) diesen

Verwendung

Das Pronomen *is, ea, id* wird immer dann als Demonstrativpronomen „dieser“, „diese“, „dieses“ gebraucht, wenn es mit einem Substantiv steht. Wenn ein Relativsatz folgt, ist es ebenfalls ein Demonstrativpronomen, wird aber meist mit „derjenige“, „diejenige“ oder „das“ übersetzt.

Beispiele:	***is*** puer	***dieser*** Junge
	is, qui statuam quaerit	***derjenige***, der die Statue sucht

In allen anderen Fällen entspricht „is“, „ea“, „id“ dem deutschen Personalpronomen.

Beispiel:	Ubi sunt fures? Quis **eos** videt?	Wo sind die Diebe? Wer sieht ***sie***?

››› Übung 1 Formenkette. Bilde die angegebenen Formen!

1. **is vir:** Pl. → Dat. → Akk. → Sg. → Gen. → Abl. → Pl.
2. **ea flamma:** Pl. → Dat. → Sg. → Gen. → Pl. → Akk. → Sg.
3. **id donum:** Abl. → Pl. → Dat. → Sg. → Akk. → Pl. → Nom.
4. **is orator:** Dat. → Gen. → Pl. → Akk. → Sg. → Abl. → Pl.
5. **ea mulier:** Akk. → Pl. → Dat. → Sg. → Abl. → Gen. → Pl.

››› Übung 2 Hin und her! Vervollständige die Tabelle.

diesem Jungen	
	eius populi
diesem Sieg	
	eos senatores
dieser Gefahren	
	eum hominem
mit diesem Glück	
	cum eo gladiatore
diesen Pferden	
	eis puellis
diese Götter	

››› Übung 3 Unterstreiche die Pronomina und, wenn nötig, ihr Bezugswort. Erkläre die Verwendung des Pronomens (Personal- oder Demonstrativpronomen?). Achtung: Manchmal findest du zwei Pronomina in den Sätzen! Übersetze dann den Text (in deinem Heft).

Begegnungen in der Cloaca Maxima

Als die Kinder sehen, dass der Dieb sich mit seinen Kumpanen aus dem Staub macht, folgen sie ihm. Auf ihrem Weg durch die unterirdische Kanalisation bekommen sie merkwürdige Dinge zu sehen.

1. Fur cum sociis per vias cloacae maximae properat et liberi eos sequi temptant.

   Pronomen: ....

2. In iis viis multa miraculosa vident:

   Pronomen: ....

3. Ecce piscis! Is piscis eis valde placet.

   Pronomen: ....

4. Liberi eum diu observant et furem non iam in animo habent.

   Pronomen: ....

5. Subito vir appropinquat et liberos terret, quia is vir male olet et tunica eius hominis sordida est.

   Pronomen: ....

6. Sed vir ridet et eos rogat: „Cur in cloaca maxima estis? Is locus periculosus est."

   Pronomen: ....

7. Liberi: „Furem quaerimus, sed eum non iam videmus. Adiuva nos!"

   Pronomen: ....

Wortschatz: sequi temptant *sie versuchen zu folgen* · piscis, piscis m. *Fisch* · male olere *schlecht riechen, stinken*

Fußbodenmosaik in Herakleia, Mazedonien

 Lösungen Seite 108

5.2 Relativpronomen: Formen und Verwendung

qui, quae, quod

Alles klar?!

Formen

Das Relativpronomen *qui, quae, quod* hat meist die Endungen der a- und o-Deklination. Es gibt allerdings folgende Besonderheiten bei der Formenbildung:

Nominativ und Akkusativ Singular Neutrum enden auf: **-d**
quod = welches/das

Genitiv Singular aller Genera endet auf: **-ius**
cuius = dessen

Dativ Singular aller Genera endet auf: **-i**
cui = welchem/dem

		Singular		Plural	
Nom.	m	**quī**	der/welcher	**quī**	die/welche
	f	**quae**	die/welche	**quae**	die/welche
	n	**quod**	das/welches	**quae**	die/welche
Gen.	m	**cuius**	dessen	**quōrum**	deren
	f	**cuius**	deren	**quārum**	deren
	n	**cuius**	dessen	**quōrum**	deren
Dat.	m	**cui**	dem/welchem	**quibus**	denen/welchen
	f	**cui**	der/welcher	**quibus**	denen/welchen
	n	**cui**	dem/welchem	**quibus**	denen/welchen
Akk.	m	**quem**	den/welchen	**quōs**	die/welche
	f	**quam**	die/welche	**quās**	die/welche
	n	**quod**	das/welches	**quae**	die/welche
Abl.	m	**quō**	(mit) dem/welchem	**quibus**	(mit) denen/welchen
	f	**quā**	(mit) der/welcher	**quibus**	(mit) denen/welchen
	n	**quō**	(mit) dem/welchem	**quibus**	(mit) denen/welchen

Verwendung

Is fur, quem liberi invenire cupiunt, ad exitum cloacae maximae properat.

Derjenige Dieb, den die Kinder finden wollen, eilt zum Ausgang der Cloaca Maxima.

Das Relativpronomen (hier: *quem – Sg. m.*) richtet sich in Numerus und Genus nach seinem Bezugswort (hier: *fur – Sg. m.*). Der Kasus *(quem – Akkusativ)* wird allerdings von der Konstruktion des Relativsatzes bestimmt und muss nicht den gleichen Kasus haben wie das Bezugswort *(fur – Nominativ).*

››› Übung 1 **1.) Unterstreiche das Wort, das in beiden Sätzen vorkommt (es steht meist in verschiedenen Kasus). 2.) Ersetze das unterstrichene Wort im zweiten Satz durch ein Relativpronomen und verbinde die Sätze. 3.) Übersetze die Sätze. (Schreibe in dein Heft.)**

Die Götter der Römer

Beispiel: 1.) Iuppiter deis omnibus imperat. Romani Iovi sacrificant.
2.) Iuppiter, **cui** Romani sacrificant, deis omnibus imperat.
3.) Jupiter herrscht über alle Götter. Die Römer opfern dem Jupiter.
Jupiter, dem die Römer Opfer bringen, herrscht über alle Götter.

1. Romani deos in templis colunt. Arae templorum ornatae sunt.

   ....

2. Sacerdotes Vestae deae ignem in templo curant. Sacerdotes semper feminae sunt.

   ....

3. Mercurius deus mercatorum est. Eum deum etiam fures colunt.

   ....

4. Venus dea pulchra est. Maritus Veneris deus foedus Vulcanus est.

   ....

5. Mars deus belli est. Eum deum omnes homines timent.

   ....

Wortschatz: Iovi *(Dativ zu Iuppiter)* · maritus *Ehemann* · Verneris *(Genitiv zu Venus)* · foedus *hässlich*

››› Übung 2 **Setze die passenden Relativpronomen ein und übersetze die Sätze. (Schreibe in dein Heft.)**

e qua | qua | quibuscum | quae | cuius

Der Weg aus der Cloaca Maxima

Der schmutzige und ungepflegte Mann macht den Kindern Angst. Dennoch bitten sie ihn um Hilfe, denn er ist der Einzige, der ihnen helfen kann, einen Weg aus dem Gewirr von Gängen der Cloaca Maxima zu finden. Zum Glück ist der Mann dazu bereit und zeigt ihnen den Weg zum Ausgang.

1. Homo obscurus liberis viam monstrat, ... ad exitum cloacae maximae perveniunt.
2. Vir, ... tunica sordida est, liberos per vias cloacae maximae ducit.
3. Tandem parvam portam inveniunt, ... ad lucem exire possunt.
4. Homo obscurus liberos relinquit et ad socios redit, ... in tenebris vivit.
5. Liberi portam, ... ad forum ducit, aperiunt et forum intrant.

 Lösungen Seite 109

Abschlusstest (50 Minuten)

Aufgabe 1 Setze die passende Form des Demonstrativpronomens ein.

eas	deas		patris
	homini		puellae (3)
	senatoribus		puellae
	foro (2)		puellae
	foro		timorem
	periculum		urbium

Punkte: ☐ von 12

Aufgabe 2 Übersetze die Ausdrücke!

eae servae	
eis servis (4)	
ei servae	
eos servos	
eorum servorum	
eius aedificii	
cum eo servo	
eius servae	
ea aedificia	

Punkte: ☐ von 12

Modell des römischen Stadtviertels „Subura“

Lösungen Seite 109–110

Aufgabe 3 **Bestimme die Art der unterstrichenen Pronomina (Demonstrativ-, Personal- oder Relativpronomen?).**

Die Kinder finden einen Weg aus der Cloaca Maxima
Marcus und Julia haben den Dieb in der Cloaca Maxima aus den Augen verloren und irren umher, weil sie den Ausgang nicht finden.

1. Liberi, qui per cloacam maximam errant, virum conveniunt, qui eo loco vivit.
2. Eum rogant: „Ubi est via, qua lucem petere possumus? Adiuva nos!“
3. Eam ignoramus.
4. Timemus cloacam hominesque, qui nos terrent!
5. Pater noster, qui in Esquilino monte vivit, tibi magnum praemium dabit.
6. Duc nos ex ea regione periculosa!“
7. Tum vir eis viam ad portam parvam demonstrat.
8. Liberi portam, quae ad forum Romanum ducit, aperiunt et forum intrant.

Punkte: ☐ von 11

Aufgabe 4 **Übersetze die Sätze aus Aufgabe 3. (Schreibe in dein Heft.)**

Punkte: ☐ von 34

Gesamtpunktzahl: ☐ von 69

0–30: Leider ist dir noch zu vieles unklar. Arbeite deshalb das Kapitel noch einmal gründlich durch.

31–59: Teilweise kannst du die Aufgaben schon gut beantworten, aber manchmal bist du noch ziemlich unsicher. Arbeite deshalb noch einmal die Übungen durch, in denen du beim ersten Mal viele Fehler hattest.

60–69: Prima! Du kennst dich schon richtig gut aus und weißt über die einzelnen Pronomina gut Bescheid. Weiter so!

Etruskisches Relief, Siena

KAPITEL 6

Satzglieder

Endlich wieder im Freien! Marcus und Julia sind froh, dass sie den Ausgang aus der Cloaca Maxima gefunden haben. Zufällig hören sie das Gespräch mehrerer Männer, die ein paar verdächtige Gestalten beobachtet haben: Diebe? Einer von diesen hatte eine goldene Statue dabei!

6.1 Prädikat und Subjekt

Der Kern eines Satzes: Prädikat und Subjekt

Alles klar?!

Die wichtigsten Satzglieder sind Prädikat (Satzaussage) und Subjekt (Satzgegenstand). Mit diesen beiden Satzgliedern kann ein vollständiger Satz gebildet werden. Nach dem Prädikat fragt man so: Was wird getan? Nach dem Subjekt fragt man so: Wer tut etwas? Es steht immer im Nominativ.

	Prädikat	Subjekt
Liberi curru**nt**.	**Was** wird getan? **currunt** – sie rennen	**Wer** rennt? **liberi** – die Kinder

Nota bene!

Im Lateinischen gibt das Prädikat nicht nur an, was getan wird, sondern auch wer etwas tut, weil das Subjekt in der Personalendung steckt. So kann ein Satz aus einem Wort bestehen: Curro. – Ich laufe.

››› Übung Wer tut hier was?

vir | servus | senatores | mulier | amici | liberi | pater | servae | homines

Ergänze das passende **Subjekt**.	Übersetze.
1. .... ad forum properant.	....
2. .... cloacam maximam timet.	....
3. .... furem inveniunt.	....
4. .... vocem audit.	....
5. .... rident.	....
6. .... aquam vident.	....
7. .... ascendunt.	....
8. .... gaudet.	....
9. .... advolat.	....

 Lösungen Seite 111

6.2 Das Objekt

Das Objekt als Ergänzung zum Prädikat

Alles klar?!

Ein Objekt ist eine Ergänzung zum Prädikat, die einen Satz erweitert und zusätzliche Informationen über das Geschehen gibt. Wir unterscheiden Akkusativobjekt und Dativobjekt.

Das Akkusativobjekt gibt die Person oder Sache an, auf die eine Handlung unmittelbar gerichtet ist oder einwirkt.

Wir fragen nach dem Akkusativobjekt: Wen oder was?

Liberi **furem** inveniunt. Die Kinder finden **den Dieb**.	**Wen oder was** finden die Kinder?	**furem** den Dieb

››› Übung 1 **Immer diese Lücken! Setze die passenden Formen der Akkusativobjekte ein.**

1. Dominus .... (statua) desiderat.
2. Fur .... (liberi) non videt.
3. Marcus .... (mercatores) audit.
4. Iulia .... (frater) incitat.
5. Servi .... et .... (fur/socii) accusant.

››› Übung 2 **Wen oder was sehen die Kinder auf dem Forum? Vertausche den Numerus.**

senatores ....

asinum ....

templa ....

servos ....

puellam ....

dominum ....

sacerdotem ....

feminas ....

oratorem ....

Das Dativobjekt gibt die Person oder die Sache an, der etwas geschieht oder der etwas getan wird. Wir fragen nach dem Dativobjekt so: Wem?

Dominus **viro** praemium dat. Der Herr gibt **dem Mann** eine Belohnung.	**Wem** gibt der Herr eine Belohnung?	**viro** dem Mann

››› Übung 3 **Alle hier genannten Personen wollen für den Fund der Statue eine Belohnung erhalten. Wem könnte sie zustehen? – Setze die Wörter in den Dativ.**

Fortasse dominus praemium dabit: Iulia | mulier | vir | liberi | servus | servae | clientes | pater | dea | Marcus | amici | amica | uxor

....

....

››› Übung 4 **Begegnungen auf dem Forum.**
Unterstreiche die Akkusativobjekte blau und die Dativobjekte rot!
Übersetze dann. (Schreibe in dein Heft.)

Der Sklave und der Esel
Endlich können die Kinder die Cloaca Maxima verlassen und gelangen wieder ans Tageslicht. Als sich ihre Augen an die Helligkeit gewöhnt haben, sehen sie einen Esel und einen Sklaven. Die Kinder bleiben stehen und beobachten, was geschieht.

1. Liberi oculos claudunt, nam lux dolet.
2. Tum vident et audiunt: In via lata servus asinum trahit et verberat.
3. Asinus servo non paret, sed eum in contrariam partem trahit.
4. Multi homines servo et asino appropinquant. Ea pugna spectatoribus placet.
5. Alii asinum, alii servum incitant.
6. Et alii servi veniunt, servo misero consilia multa dant:
7. Nonnulli viri dicunt: „Duc asinum in viam parvam!
8. Da ei bestiae cibum, quod certe fames eam vexat!“

Nota bene!

Den Begriff Akkusativ kannst du dir als Eselsbrücke von dem Verb „accusare“ (anklagen) herleiten. Wenn du unsicher bist, frage immer nach dem Akkusativ: „Wen klage ich an?“ Dann kannst du die Antwort schnell finden. Der Dativ hängt mit dem Verb „dare“ (geben) zusammen. Auch hier kannst du dir eine Hilfsfrage stellen: „Wem gebe ich etwas?“

 Lösungen Seite 111

6.3 Die adverbiale Bestimmung

Die adverbiale Bestimmung und die vielen Fragen danach

Alles klar?!

Die adverbiale Bestimmung informiert genauer über die Umstände des Geschehens.

Wir fragen danach allgemein:	**Unter welchen Umständen** tut jemand etwas oder geschieht etwas?
Oder wir fragen speziell:	**Wann, seit wann, wie lange, wo, woher, wohin, womit, wie, warum?**

Diu liberi furem investigant.	**Wie lange** suchen die Kinder den Dieb?	**diu** lange
Liberi **in foro** furem vident.	**Wo** sehen die Kinder den Dieb?	**in foro** auf dem Forum
Magno cum gaudio statuam quaerunt.	**Wie** suchen sie die Statue?	**magno cum gaudio** mit großer Freude

Adverbien als adverbiale Bestimmung
Eine adverbiale Bestimmung kann aus einem Adverb bestehen. Adverbien sind unveränderlich.

Mane dominus statuam desiderat.	**Wann** vermisst der Herr seine Statue?	**mane** morgens

Der Ablativ als Kasus der adverbialen Bestimmung
Der Ablativ ist häufig eine adverbiale Bestimmung. Du kannst seinen genaueren Sinn erkennen, indem du entweder nach der **Zeit** oder dem **Ort** oder der **Art und Weise** fragst.

Tertia hora liberi **eo loco** furem inveniunt.	**Wann** entdecken die Kinder den Dieb?	**tertia hora** zur dritten Stunde
	Wo entdecken die Kinder den Dieb?	**eo loco** an diesem Ort

Der Akkusativ als Kasus der adverbialen Bestimmung
In bestimmten Formulierungen kann auch der Akkusativ als adverbiale Bestimmung dienen. In diesem Fall fragen wir: **Wie lang? Wie breit? Wie hoch? Wie tief?**

Multas horas liberi furem agitant.	**Wie lange** jagen die Kinder den Dieb?	**multas horas** viele Stunden lang

Der Dativ als adverbiale Bestimmung
Wenn der Dativ den Vorteil oder den Nachteil eines Geschehens angibt oder das Interesse, in dem etwas geschieht, dann füllt auch er die Satzgliedstelle als adverbiale Bestimmung.
Wir fragen: **Für wen? Gegen wen? Wofür?**

Liberi **patri** statuam investigant.	**Für wen** suchen die Kinder die Statue?	**patri** für den Vater

Präpositionale Ausdrücke als adverbiale Bestimmung
Präpositionale Ausdrücke mit Ablativ oder mit Akkusativ können adverbiale Bestimmungen sein.

Liberi **ad templum** properant.	**Wohin** eilen die Kinder?	**ad templum** zu einem Tempel
Liberi **in foro** multos homines vident.	**Wo** sehen die Kinder viele Menschen?	**in foro** auf dem Forum

››› Übung 1 **Immer diese Umstände! Welche Sinnrichtung haben die folgenden adverbialen Bestimmungen? Ordne sie ein:**

mane | diu | cum gaudio | per forum | multas horas | prope aedificium | libenter | statuis | in cloacam maximam | valde | ante cenam | cum fure | in via lata | sub saxum | saepe

Zeit	**Ort**	**Art und Weise**
....	....	....
....	....	....
....	....	....
....	....	....
....	....	....

 Lösungen Seite 112

Übung 2 **Unterstreiche alle adverbialen Bestimmungen. Ordne sie in die Tabelle darunter ein.**

Ein spannendes Gespräch

Nachdem Marcus und Julia Esel und Sklaven verlassen haben, bemerken sie ein paar Bürger, die sich unterhalten. Die Kinder gehen näher heran und hören zu. Anscheinend haben die Männer den Dieb beobachtet und gesehen, wie er mit seinen Freunden beim Merkurtempel verschwand. Eine neue Spur!

Vir 1: Hodie virum periculosum vidi!
Vir 2: Numquam eum eo loco vidi!
Vir 3: Cum amicis periculosis per forum properavit!
Vir 1: Prope templum Mercurii discessit!
Vir 2: Certe ei viri fures sunt!
Vir 3: Fures in cloaca maxima avivunt!
Vir 2: Fur statuam pretiosam apportavit!
Vir 3: Fortasse statuam e villa domini rapuit!
Vir 2: Nunc familia patroni statuam desiderat!

Wortschatz: vidi *ich habe gesehen* · fuit *er, sie, es war, ist gewesen* · properavit *er ist gelaufen* · discessit *er ist weggegangen* · apportavit *er hat gebracht* · rapuit *er hat gestohlen*

		Präpositionaler Ausdruck	
Adverb	Ablativ	mit Akkusativ	mit Ablativ

Übung 3 **Übersetze den Text des Gesprächs. (Schreibe in dein Heft.)**

6.4 Das Attribut

Das Attribut – ein Satzglied, das zu fast allen Satzgliedern passt

Alles klar?!

Ein Attribut beschreibt ein anderes Satzglied genauer. Es kann nie allein stehen.
Wir fragen nach ihm so: **Was für ein?**

Fur **periculosus**	**Was für ein** *Dieb* zeigt die Statue?	**periculosus** – ein gefährlicher
in via **angusta**	**In was für einer** *Straße* zeigt er …?	**angusta** – in einer engen
viro **alieno**	**Was für einem** *Mann* zeigt er …?	**alieno** – einem fremden
statuam **auream**	**Was für eine** *Statue* zeigt er …?	**aureum** – eine goldene
demonstrat.		

Der **gefährliche** Dieb zeigt in einer **engen** Straße einem **fremden** Mann die **goldene** Statue.

Das Adjektivattribut
Das Adjektivattribut richtet sich in Kasus, Numerus und Genus nach dem Satzglied, zu dem es gehört.

Liberi in for**o** **Romano** aedifici**a** **praeclara** vident.	Die Kinder sehen auf de**m** **römischen** Forum **herrliche** Gebäude.

Das Genitivattribut
Das Genitivattribut kommt nur im Genitiv Singular oder Plural vor. Es gibt den Besitzer einer Sache an.
Nach ihm fragen wir so: **Wessen?**
Oder auch: **Was für ein?**

Statua **deae Vestae** pulchra est.	**Wessen** Statue ist schön? **Was für eine** Statue ist schön?	**deae Vestae** die der Göttin Vesta

Übung 1 **Schmücke die verschiedenen Satzglieder aus, indem du die Adjektive in Kasus, Numerus und Genus an die Substantive angleichst.**

Eine Begegnung mit einem Hund

Die Kinder wollen direkt zum Merkurtempel eilen. Doch nun werden sie von einem Hund abgelenkt, der in der Nähe eines anderen Tempels auftaucht. Er ist so süß, dass sie vergessen, was sie vorhatten.

1. Prope templum .... (antiquus) simulacrum .... (praeclarus) stat.
2. Canis .... (parvus) simulacro .... (pulcher) appropinquat.
3. Liberi .... (fatigatus) cani cibos .... (bonus) dare cupiunt.
4. Verbis .... (iucundus) canem .... (timidus) vocant.
5. Tandem canis cum .... (magnus) timore accedit.
6. Subito canes .... (ferus) adcurrunt et canem .... (miser) fugant.

Wortschatz: fugare *in die Flucht schlagen, vertreiben* · canis, canis m. *Hund*

Übung 2 **Übersetze den Text von Übung 1. (Schreibe in dein Heft.)**

Übung 3 **Wessen – dessen! Setze das Genitivattribut hinzu und übersetze.**

Genitivattribut	**Übersetzung**
timor .... (Marcus)	....
nomen .... (fur)	....
filii .... (senatores)	....
vita .... (liberi)	....
statua .... (pater)	....
consilia .... (mater)	....
templa .... (dea)	....
praemium .... (dominus)	....
monumenta .... (urbs)	....
villa .... (consul)	....

Übung 4 **Suche die Attribute. Unterstreiche sie und ihr Bezugswort und bestimme sie.**

Ein großer Angeber!

Marcus und Julia lassen die Hunde zurück und gehen über das Forum. Dort haben auch Kaufleute ihre Stände. Ein Händler schreit besonders laut.

1. Liberi per forum amplum properant.

   Bestimmung: ....

   Übersetzung: ....

2. Sed furem periculosum invenire non possunt.

   Bestimmung: ....

   Übersetzung: ....

3. Fames magna eos vexat.

   Bestimmung: ....

   Übersetzung: ....

4. Tum vocem mercatoris audiunt.

   Bestimmung: ....

   Übersetzung: ....

5. Hic olivas optimas emere potestis! Venite!

   Bestimmung: ....

   Übersetzung: ....

6. Ego mercator optimus urbis sum!

   Bestimmung: ....

   Übersetzung: ....

7. Cibis alienarum terrarum cunctos Romanos delectabo!

   Bestimmung: ....

   Übersetzung: ....

8. Liberi ad mercatorem properant et rogant: „Da nobis cibos bonos!"

   Bestimmung: ....

   Übersetzung: ....

9. Mercator eis cibos vendit et tandem fames liberorum satiata est.

   Bestimmung: ....

   Übersetzung: ....

Wortschatz: fames satiata est der *Hunger ist gestillt*

 Lösungen Seite 113

6.5 Das Prädikatsnomen

Das Prädikatsnomen: die Ergänzung von *sein*

Alles klar?!

Das Prädikatsnomen ergänzt das Hilfsverb *sein/esse*. Es steht sehr häufig im Nominativ und richtet sich im Numerus nach dem Subjekt.
Wir fragen: **Wer oder was?**

- Das Prädikatsnomen kann ein **Substantiv** sein.
  Cliens novus **fur est**./Der neue Klient ist ein Dieb.
- Das Prädikatsnomen kann ein **Adjektiv** sein.
  Statua deae Vestae **aurea est**./Die Statue der Göttin Vesta ist golden.
- Das Prädikatsnomen kann aus einer **Gruppe von Substantiven** oder einem **Substantiv mit Attribut** bestehen.
  Fur **vir periculosus est**./Der Dieb **ist ein gefährlicher Mann**.

Das Prädikatsnomen im Dativ
Ein Prädikatsnomen kann auch im Dativ Singular oder Plural stehen. Es gibt dann den Besitzer einer Sache an.

Statua **domino est**.	**Wem ist/gehört** die Statue?	**domino**/dem Herrn

Übung 1 **Was passt? Streiche jeweils die falschen Ergänzungen durch. Übersetze dann die Sätze.**

1. Liberi fatigati/fatigatus/fatigatos sunt.

   ....

2. Marcus dicit: „Nos non laetus/laetis/laeti sumus."

   ....

3. Mercator interrogat: „Num timidum/timidi/timidorum estis?"

   ....

4. Templum aedificium parvum/aedificio parvo/aedificia parva est.

   ....

5. Amici furis homines improbi/homines improbos/hominibus improbis sunt.

   ....

6. Pater liberorum patronis/patrono/patronus est.

   ....

7. Iulia vocat: „Ego miserae/misera/miser sum!"

   ....

Lösungen Seite 114

Übung 2 **Prädikatsnomen oder Attribut? Unterstreiche jeweils das Attribut schwarz, das Prädikatsnomen und sein Bezugswort rot. Übersetze dann. (Schreibe in dein Heft.)**

Ich bin der Beste!

Der Händler preist nicht nur seine Waren, sondern auch seine Heimat an.

1. Ego Romanus sum!
2. In villa rustica habito!
3. Vos laeti non eritis, si cibos meos non emetis!
4. Ego sum optimus!
5. Merces meae optimae sunt!
6. Roma urbs periculosa est!
7. In vicis homines libenter vivunt, nam ibi pericula minima sunt!
8. Cuncti beati sunt!
9. Itaque olivae meae bonae sunt, itaque frumentum meum optimum est, itaque cuncti Romani merces meas emunt!

Übung 3 **Wem gehört was? Setze den Besitzer in den Dativ, ordne ihm mit Pfeilen den passenden Besitz zu und übersetze (in deinem Heft).**

Besitzer im Dativ	Besitz
(Pater)	bonae servae sunt.
(Patronus)	varii dei sunt.
(Senatores)	statua pretiosa est.
(Romani)	servi probi sunt.
(Domina)	multi amici sunt.

Übung 4 **Ich habe was, was du nicht hast! – Aus *possidere* oder *habere* wird *esse* mit dem Dativ. Aus dem Akkusativ wird ein Nominativ. Forme um und übersetze.**

Patronus multam pecuniam possidet.	Multa pecunia patrono est. Der Patronus besitzt viel Geld.
Fur amicos periculosos habet.	
Senator villam magnam possidet.	
Iulia servas bonas possidet.	
Multi homines nihil possident.	
Orator spectatores attentos habet.	

 Lösungen Seite 114

ONLINE
TESTEN & WEITERÜBEN
www.trainingplus-schule.de
Benutzername: lateinplus6-6
Passwort: testfit

Abschlusstest (40 Minuten)

Aufgabe 1 Bestimme die Satzglieder.

Unterstreiche jeweils das Prädikat rot, das Subjekt grün, das Akkusativobjekt blau, das Dativobjekt gelb, die adverbiale Bestimmung violett und das Attribut schwarz.
Achtung: Manchmal steckt das Subjekt im Prädikat. Dann unterstreiche die Personalendung grün. Wenn ein Prädikatsnomen vorkommt, unterstreiche es mit der Form von *esse* rot.

1. In foro Romano liberi multa aedificia magna vident. (7)
2. Per vias urbis homines properant. (4)
3. Magna cum voce mercatores merces varias laudant. (6)
4. Servi dominis vias angustas aperiunt. (5)
5. Canes inter aedificia praeclara currunt et cibos hominum investigunt. (7)
6. Cuncti properant, clamant, vocant. (2)
7. Multi homines miseri sunt, nam fames eos vexat. (7)
8. Pecuniam non possident, itaque cibos et lectum desiderant. (5)

Punkte: ☐ von 43

Aufgabe 2 Übersetze den Text von Aufgabe 1. (Schreibe in dein Heft.)

Punkte: ☐ von 30

Forum Romanum, Rom

››› Aufgabe 3 **Beantworte folgende Fragen.**

1. Woraus kann eine adverbiale Bestimmung bestehen? ....

....

....

....

2. Was ist ein Prädikatsnomen? ....

....

3. Wie fragt man nach dem Dativobjekt? ....
4. Erkläre die besonderen Eigenschaften des Attributs. ....

....

....

....

....

Punkte: ☐ von 6: a) pro richtige Antwort ½ Punkt; b) und c) jeweils 1 Punkt; d) 2 Punkte

››› Aufgabe 4 **Setze den Besitzer (Person in Klammer) in den Dativ und ergänze die richtige Form von *esse*.**

1. (Mercator) .... merces bonae ....
2. (Amici furis) .... statua deae non ....
3. (Domina) .... catenae pulchrae ....
4. (Liberi) .... pater bonus ....

Punkte: ☐ von 8

Gesamtpunktzahl: ☐ von 87

0–40: Leider ist dir noch zu vieles unklar. Arbeite deshalb das Kapitel noch einmal gründlich durch.

41–76: Teilweise kannst du die Aufgaben schon gut beantworten, aber manchmal bist du noch ziemlich unsicher. Arbeite deshalb noch einmal die Übungen durch, in denen du beim ersten Mal viele Fehler hattest.

77–87: Prima! Du kennst dich schon richtig gut aus und weißt über die verschiedenen Satzglieder gut Bescheid. Weiter so!

Mosaik in der „Villa del Casale“, Sizilien

KAPITEL 7

A.c.I.

Angeblich sind die Diebe beim Merkurtempel verschwunden. Auf dem Weg dorthin werden Marcus und Julia von dem Trubel auf dem römischen Forum abgelenkt. Plötzlich kann Julia ihren Bruder nicht mehr sehen. Wo ist Marcus?

7.1 Der A.c.I. als satzwertige Konstruktion

Der A.c.I. (Accusativus cum Infinitivo)

Alles klar?!

Beim A.c.I. besteht die Satzaussage aus einem Infinitiv, der Satzgegenstand steht im Akkusativ. Weil dieser Satzgegenstand das Subjekt des A.c.I. ist, spricht man von Subjektsakkusativ. Im Deutschen wird der A.c.I. meistens mit einem abhängigen Aussagesatz, einem *dass*-Satz, wiedergegeben.

Dabei wird	der lateinische Akkusativ zum	Subjekt,
	der lateinische Infinitiv zum	Prädikat des Satzes.

	A.c.I.		
Liberi	**furem**	**fugere**	vident.
	Subjektsakkusativ	*Infinitiv*	
Die Kinder sehen,	**dass der Dieb**	**flieht.**	

Nota bene!

Lateinisch	Deutsch
A.c.I.	dass
Subjektsakkusativ	Subjekt
Infinitiv	Prädikat

Einen A.c.I. kannst du dir als Aussagesatz vorstellen, der von einem weiteren Satz abhängt.

1.			Fur per forum fugit.		*Aussagesatz 1*
2.	+	Liberi	furem	vident.	*Aussagesatz 2*
3.	=	Liberi	furem per forum fugere	vident.	*Aussagesatz 2 mit A.c.I.*

1.		Der Dieb flieht über das Forum.	*Aussagesatz 1*
2.	+	Die Kinder sehen den Dieb.	*Aussagesatz 2*
3.	=	Die Kinder sehen, dass der Dieb über das Forum flieht.	*Aussagesatz 2 mit dass-Satz*

Im Satz 3 bildet „Liberi … vident" einen Rahmen, den man daher auch Rahmensatz nennt. Der A.c.I. „furem per forum fugere" ist sozusagen gleich viel wert wie der Aussagesatz 1. Wir nennen deshalb den A.c.I. eine satzwertige Konstruktion. Der A.c.I. hat die gleichen Bestandteile wie ein Aussagesatz. Er enthält mindestens Subjekt (gebildet durch den Subjektsakkusativ) und Prädikat (gebildet durch den Infinitiv). Er kann wie jeder andere Satz durch andere Satzglieder (z. B. adverbiale Bestimmung, Objekt, Attribut) erweitert werden.

	A.c.I.			
Liberi	**furem**	**per forum**	**fugere**	vident.
	Subjektsakkusativ	*adverbiale Bestimmung*	*Infinitiv*	
Die Kinder sehen,	**dass der Dieb**	**über das Forum**	**flieht.**	

Römische Inschrift, S P Q R ist die Abkürzung für „Senatus Populusque Romanus" *(Senat und Volk von Rom).*

››› Übung 1 **Wer weiß oder sieht was? Unterstreiche den vollständigen A.c.I. Übersetze dann (in deinem Heft).**

1. Liberi furem statuam habere sciunt.
2. Fur liberos per forum currere videt.
3. Amici furis liberos appropinquare vident.
4. Servi dominum statuam desiderare sciunt.
5. Senex homines in cloaca maxima vivere narrat.

››› Übung 2 **Was sehen die Kinder? – Setze die Sätze in den A.c.I.**

Liberi vident:	**Liberi … vident.**
Homines currunt.	....
Servi cibos emunt.	....
Asinus carrum trahit.	....
Dominus servum verberat.	....
Orator venit.	....
Servae cibos portant.	....

››› Übung 3 **Suche in jedem Satz den A.c.I. Klammere die gesamte Konstruktion ein und unterstreiche den Subjektsakkusativ grün und den Infinitiv rot.**

Auf dem Forum ist viel los!
Auf dem Forum erleben die Kinder den römischen Alltag. Sie hören und sehen viele Menschen mit verschiedenen Anliegen.

1. Liberi per forum properant et mercatores magna voce cibos laudare audiunt.
2. Marcus oratorem hominem miserum accusare audit.
3. Iulia servas dominam ad templum Iunonis ducere videt.
4. Liberi senatores cum amicis in basilica disputare audiunt.

7.2 Das Pronomen im A.c.I.

Pronomina im A.c.I.

Alles klar?!

Im A.c.I. können zwei Arten von Pronomen vorkommen.

1. Das Personalpronomen *is, ea, id* (die Formen hast du in Kapitel 5 kennengelernt.)
Die Formen des Personalpronomens *is, ea, id* werden im A.c.I. dann verwendet, wenn bereits genannte Sachen oder Personen gemeint sind, die sich nicht auf das Subjekt des Rahmensatzes beziehen.

Liberi	**oratorem**	vident.
Die Kinder sehen	**einen Redner.**	
Liberi	**eum** rostram ascendere	vident.
Die Kinder sehen,	dass **er** die Rostra besteigt.	

2. Das Reflexivpronomen *se*
Die Formen des Reflexivpronomens:

Kasus	Singular/Plural Latein	Singular/Plural Deutsch
Nom.	–	–
Gen.	**suī**	seiner/ihrer
Dat.	**sibi**	sich
Akk.	**sē**	sich
Abl.	**a sē/secum**	von sich/mit sich

Nota bene!

Das Reflexivpronomen bildet verschiedene Kasusformen, die sich aber im Numerus und Genus nicht unterscheiden.

Die Formen des Reflexivpronomens verwendet man dann, wenn das Subjekt des Rahmensatzes und das Subjekt im A.c.I. dasselbe sind. Auch wenn andere Satzglieder im A.c.I. sich auf das Subjekt des Rahmensatzes beziehen, wird das Reflexivpronomen verwendet.

Liberi	**se** furem non iam videre	intellegunt.
Die Kinder erkennen, dass	**sie** den Dieb nicht mehr sehen.	
Liberi	furem statuam patris **sui** vendere cupere	sciunt.
Die Kinder wissen, dass	der Dieb die Statue **ihres** Vaters verkaufen will.	

››› Übung 1 **Was gehört zu wem? Unterstreiche Pronomen und Bezugswort. Übersetze dann.**

Der Herr vermisst die Statue

Der Hausherr hat Gäste, denen er sein Haus und seinen wertvollen Besitz zeigt. Er erzählt ihnen von seiner Statue der Göttin Vesta.

1. Hospites dominum sibi statuam demonstrare cupiunt.

   ....

2. Dominus se laetum non esse dicit.

   ....

3. Hospites eum statuam desiderare sentiunt.

   ....

4. Dominus eam auream et pretiosam esse narrat.

   ....

5. Dominus sibi statuam valde placere dicit.

   ....

6. Hospites se statuam mox invenire posse putant.

   ....

Wortschatz: hospes, hospitis m. *Gast*

››› Übung 2 **Setze das passende Pronomen ein und zeige so, wer jeweils gemeint ist.**

Marcus verschwindet!

Julia und Marcus können sich an dem Trubel auf dem Forum nicht sattsehen. Plötzlich aber verlieren sie sich aus den Augen …

1. Liberi asinum spectant. Vident .... (eum/se/eos) servo non parere.
2. Liberi oratorem observant. Orator .... (se/eum/id) multos spectatores habere intellegit.
3. Liberi multos homines vident. Liberi .... (ei/eae/eos) oratori plaudere audiunt.
4. Marcus per forum properat. Intellegit .... (eum/eam/se) furem non iam videre.
5. Iulia Marcum non iam videt. Putat .... (se/eos/eum) in templo esse.
6. Iulia .... (se/eos/id) Marcum quaerere debere intellegit.

››› Übung 3 **Übersetze die Sätze in deinem Heft.**

7.3 Der A.c.I. als Objekt oder Subjekt

Der A.c.I. als Objekt

Alles klar?!

Einen A.c.I. als Objekt kann man bei den sogenannten „Kopfverben“ erwarten. Es handelt sich dabei um Verben der Wahrnehmung *(videre, audire, sentire)*, der Empfindung *(gaudere, dolere, laetus esse)*, des Sagens und des Erzählens *(dicere, narrare, clamare)* oder des Wissens und Meinens *(putare, scire, intellegere)*.

››› Übung 1 Hier sind einige Verben: Ordne sie dem richtigen Ort am Kopf zu!

accipere
dolere
respondere
conspicere
clamare
explicare
videre
narrare
legere

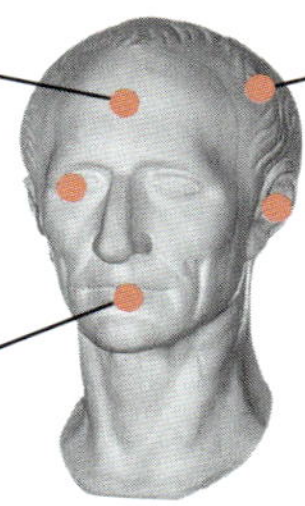

cupere
scire
putare
audire
laetus esse
intellegere
dicere
laudare
sentire

Der A.c.I. als Subjekt

Alles klar?!

Der A.c.I. füllt die Satzgliedstelle eines Subjekts, wenn er von unpersönlichen Ausdrücken abhängig ist *(constat, malum est, periculosum est)*.

››› Übung 2 Subjekt oder Objekt? Unterstreiche den ganzen A.c.I., wenn er Objekt ist, blau; unterstreiche ihn grün, wenn er Subjekt ist.

Wo ist Marcus?
Die Kinder haben sich in dem Durcheinander aus den Augen verloren.

1. Marcus multos homines per forum ambulare observat, sed sororem non iam videt.
2. Iulia fratrem abesse intellegit.
3. Iulia se eum invenire debere scit.
4. Cogitat: „Periculosum est Marcum furem sine sorore investigare.“
5. Subito Marcus Iuliam prope rostram stare existimat.
6. „Non iucundum est Iuliam non hic esse.“
7. Tum Marcus Iuliam magna voce nomen fratris clamare audit.
8. Tandem liberi conveniunt, sed furem non iam adesse sentiunt.

Wortschatz: rostra, rostrorum n. (Pl.) *Rednertribüne (auf dem Forum)*

››› Übung 3 Übersetze die Sätze. (Schreibe in dein Heft.)

Abschlusstest (45 Minuten)

Aufgabe 1 **Beobachtungen auf dem Forum. – Verbinde die Sätze, indem du aus dem zweiten Satz einen A.c.I. bildest.**

1. Liberi vident:	Servus per viam angustam fugit.
2. Senator audit:	Amici oratorem laudant.
3. Marcus intellegit:	Iulia deest.
4. Iulia non ignorat:	Marcus furem investigat.
5. Liberi vident:	Homines miseri aedificium magnum aedificant.

1. Liberi .... vident.
2. Senator .... audit.
3. Marcus .... intellegit.
4. Iulia .... non ignorat.
5. Liberi .... vident.

Punkte: ☐ von 10

Aufgabe 2 **Menschen auf dem Forum. – Übersetze die Sätze. Bilde aus dem A.c.I. einen direkten lateinischen Aussagesatz.**

1. Liberi asinum medio in foro stare vident.
   Übers.: ....
   Umformung: ....
2. Marcus multos homines oratorem audire spectat.
   Übers.: ....
   Umformung: ....
3. Iulia dominam per forum properare videt.
   Übers.: ....
   Umformung: ....
4. Liberi pueros ludere spectant.
   Übers.: ....
   Umformung: ....
5. Marcus virum magna voce clamare audit.
   Übers.: ....
   Umformung: ....

Punkte: Übersetzung: ☐ von 15 · Umformung: ☐ von 10

Lösungen Seite 118

Aufgabe 3 Die Verfolgung des Diebes! – Übersetze.

Marcus und Julia überlegen, wohin der Dieb fliehen könnte, wenn er das Forum verlässt.

1. Iulia et Marcus se in via angusta furem invenire putant.

2. Periculosum est Marcum et Iuliam forum relinquere, quia nemo eos adiuvare potest.

3. Subito Iulia vocat: „Videsne eum virum? Eum furem esse puto!“

4. Marcus respondet: „Virum ad basilicam Aemiliam properare video!“

5. Nunc furem et amicos prope basilicam Aemiliam cum viro alieno convenire video!“

Punkte: ☐ von 25

Statue des Augustus auf dem Trajansforum

Gesamtpunktzahl: ☐ von 60

0–30: Leider ist dir noch zu vieles unklar. Arbeite deshalb das Kapitel noch einmal gründlich durch.

31–55: Teilweise kannst du die Aufgaben schon gut beantworten, aber manchmal bist du noch ziemlich unsicher. Arbeite deshalb noch einmal die Übungen durch, in denen du beim ersten Mal viele Fehler hattest.

56–60: Bravo! Du weißt über den A.c.I. schon richtig gut Bescheid! Weiter so!

Römisches Fresko, Pompeji

8 KAPITEL

Spezielle Verben

Marcus und Julia haben sich wiedergefunden, aber der Dieb scheint erneut über alle Berge zu sein. Auf einmal sehen sie jedoch den Mann mit der Statue, der offenbar versucht, seine Beute an einen anderen Mann zu verkaufen.

Alles klar?! ››› Übungen ››› Abschlusstest ››› Online-Weiterüben

8.1 *esse*

esse (sein) – Formen und Verwendung

Alles klar?!

Die Formen von *esse*

Präsens		Imperfekt	
su**m**	ich bin	er**am**	ich war
e**s**	du bist	er**ās**	du warst
es**t**	er ist	er**at**	er war
su**mus**	wir sind	er**āmus**	wir waren
es**tis**	ihr seid	er**ātis**	ihr wart
su**nt**	sie sind	er**ānt**	sie waren

Futur		Imperativ	
er**ō**	ich werde sein	e**s**!	sei!
er**is**	du wirst sein	es**te**!	seid!
er**it**	er wird sein		
er**imus**	wir werden sein		
er**itis**	ihr werdet sein		
er**unt**	sie werden sein		

Die Verwendung von *esse* als Kopula im Prädikat

esse ist ein sogenanntes Hilfsverb. Es steht selten für sich allein als vollständiges Prädikat. Es braucht ein Substantiv oder Adjektiv als Ergänzung.
esse nennen wir in dieser Verwendung Kopula und das notwendig zu ihm gehörende Substantiv Prädikatsnomen.

Fur **periculosus est**.	Der Dieb **ist gefährlich**.

Nota bene!

Das Prädikatsnomen (hier: *periculosus* – Nom. Sg. m.) steht immer in KNG-Kongruenz (= Übereinstimmung von Kasus, Numerus, Genus) zum Subjekt des Satzes (hier: *fur* – Nom. Sg. m.).

Übung 1 **Setze die passenden Formen von *esse* ein und übersetze. Achte dabei auf die Zeitangaben im Satz. Sie helfen dir, das richtige Tempus zu wählen.**

Kann der Dieb die Statue verkaufen?

Hinter der Basilica Aemilia steht wirklich der Dieb mit seinen Freunden! Bei ihnen befindet sich noch ein weiterer Mann. Die Kinder belauschen das Gespräch der Männer: Der Dieb will die Statue loswerden, aber der andere Mann zögert noch ...

1. Fur: „Ea statua pretiosa .... Antea in villa domini ....
   Laetus ...., si eam possidebis!
   ....
   ....
2. Vir: „Vos stulti ....! Statua rapta .... Familia certe irata
   ...., quia statuam non iam habet.“
   ....
   ....
3. Fur: „Tu stultus ....! Statua simulacrum deae Vestae ....
   Semper dea te adiuvabit!“
   ....
   ....
4. Vir: „Ego timidus ....! Statuam non emo!“
   ....
   ....

Übung 2 **Formenkette. Bilde die angegebenen Formen!**

esse: 2. Person Singular Präsens → Imperfekt → Plural → 3. Person → Futur → Singular → Praesens → 1. Person → Futur → Imperfekt → Plural → Präsens

....

....

Lösungen Seite 119

8.2 *posse*

posse (können) – Formen und Verwendung

Alles klar?!

Die Formen von *posse*

Die Formen von *posse* sind aus dem Adjektiv *potis* (mächtig, imstande) und dem Hilfsverb *esse* entstanden: *pos-sum:* ich bin mächtig, ich bin imstande.
Im Präsens lautet der Stamm *pos-* (vor einem *-s-*) oder *pot-* (vor einem *-e-*).
Im Imperfekt und Futur heißt er immer *pot-*.

Präsens		Imperfekt	
pos**sum**	ich kann	pot**eram**	ich konnte
pot**es**	du kannst	pot**erās**	du konntest
pot**est**	er kann	pot**erat**	er konnte
pos**sumus**	wir können	pot**erāmus**	wir konnten
pot**estis**	ihr könnt	pot**erātis**	ihr konntet
pos**sunt**	sie können	pot**erant**	sie konnten

Futur	
pot**erō**	ich werde können
pot**eris**	du wirst können
pot**erit**	er wird können
pot**erimus**	wir werden können
pot**eritis**	ihr werdet können
pot**erunt**	sie werden können

Nota bene!

Einen Imperativ zu *posse* gibt es nicht.

Die Verwendung von *posse*

posse gehört zu den unvollständigen Verben, die eine Ergänzung brauchen, weil sie für sich alleine unvollständig sind. Diese Ergänzung ist ein Infinitiv, der die Satzgliedstelle des Akkusativobjekts einnimmt.

*Fures **effugere** possunt.*	Die Diebe können **fliehen**.

effugere ist eine notwendige Ergänzung, ohne die der Satz nicht verständlich wäre.

»» Übung 1 **Formenkette. Bilde die angegebenen Formen!**

posse: 1. Person Singular Präsens → Futur → Plural → Imperfekt → 3. Person → Präsens → Singular → 2. Person → Futur → Plural → Präsens

....

....

»» Übung 2 **Setze die passenden Formen von *posse* ein. Achte dabei auf die Zeitangaben. Übersetze dann die Sätze. (Schreibe in dein Heft.)**

Was geschieht hinter der Basilika?
Der Dieb und seine Freunde versuchen weiterhin, hinter der Basilika die Statue zu verkaufen. Die Kinder beobachten den Vorgang und überlegen sich, wie sie reagieren könnten.

1. Iulia rogat: Quid nos facere ....?

   Quis nos adiuvare ....?
2. Marcus: Quamquam senatores ad curiam currunt, nos adiuvare non .... (Fut.), quia eis negotia multa sunt.
3. Iulia: In basilica mercatores sunt! Fortasse ei nos adiuvare ....
4. Marcus: Sed ibi multi alii homines sunt: Matronae vestimenta emunt; domini cum amicis ambulant et disputant: Nemo fures videre ....!
5. Iulia: Nos autem furem sociosque videre ...., sed adhuc furem capere non .... (Impf.).
6. Marcus: Itaque auxilium petere debemus! Fortasse ego praetorem invenire .... (Fut.), dum tu furem semper observas.

Forum Romanum, Rom

8.3 *velle, nolle, malle*

Alles klar?!

***velle* (wollen), *nolle* (nicht wollen), *malle* (lieber wollen) und ihre Formen**

a) velle

Präsens		**Imperfekt**	
volō	ich will	volē**bam**	ich wollte
vī**s**	du willst	volē**bās**	du wolltest
vul**t**	er will	volē**bat**	er wollte
volu**mus**	wir wollen	volē**bāmus**	wir wollten
vul**tis**	ihr wollt	volē**bātis**	ihr wolltet
volu**nt**	sie wollen	volē**bant**	sie wollten

Futur	
vol**am**	ich werde wollen
vol**ēs**	du wirst wollen
vol**et**	er wird wollen
vol**ēmus**	wir werden wollen
vol**ētis**	ihr werdet wollen
vol**ent**	sie werden wollen

b) nolle ist aus *non* und *velle* entstanden. Die meisten Formen sind zusammengezogen, einige Formen bleiben im Präsens allerdings unverbunden.

Präsens		**Imperfekt**	
nōl**ō**	ich will nicht	nōlē**bam**	ich wollte nicht
nōn **vīs**	du willst nicht	nōlē**bās**	du wolltest nicht
nōn **vult**	er will nicht	nōlē**bat**	er wollte nicht
nōlu**mus**	wir wollen nicht	nōlē**bāmus**	wir wollten nicht
nōn **vultis**	ihr wollt nicht	nōlē**bātis**	ihr wolltet nicht
nōlu**nt**	sie wollen nicht	nōlē**bant**	sie wollten nicht

c) malle ist aus *magis* (mehr/lieber) und *velle* entstanden. *malle* bildet nur zusammengezogene Formen.

Präsens		**Imperfekt**	
māl**ō**	ich will lieber	mālē**bam**	ich wollte lieber
mā**vīs**	du willst lieber	mālē**bās**	du wolltest lieber
mā**vult**	er will lieber	mālē**bat**	er wollte lieber
mālu**mus**	wir wollen lieber	mālē**bāmus**	wir wollten lieber
mā**vultis**	ihr wollt lieber	mālē**bātis**	ihr wolltet lieber
mālu**nt**	sie wollen lieber	mālē**bant**	sie wollten lieber

Nota bene! Das Futur von *nolle* und *malle* ist ungebräuchlich.

Die Verwendung von *velle, nolle, malle*

Alles klar?!

velle, nolle, malle gehören wie *posse* zu den Verben, die eine Ergänzung brauchen, weil sie für sich allein unvollständig sind. Diese Ergänzung ist ein Infinitiv, der die Satzgliedstelle des Akkusativobjekts einnimmt.

Fures statuam **vendere** volunt.	Die Diebe wollen die Statue **verkaufen**.

vendere ist eine notwendige Ergänzung, ohne die der Satz nicht verständlich wäre.

Übung 1 **Wünschen, wollen oder nicht wollen? Bilde die entsprechenden Formen von *velle* oder *nolle*.**

cupis	
non cupiebant	
cupiet	
cupitis	
non cupimus	
cupiebam	
cupiunt	
cupio	
non cupiunt	
cupiam	

Ruinen römischer Wohnhäuser, Ostia

Lösungen Seite 120

Skulptur des Kaisers Vespasian

››› Übung 2 Was willst du (lieber)? Der Dieb und seine Freunde diskutieren. Setze die Formen von *velle*, *malle* oder *nolle* ein.

Hinter der Basilika wird weiterdiskutiert. Der Dieb möchte endlich die Statue verkaufen, aber seine Freunde haben keine Lust mehr.

1. Fur: „Ego pecuniam multam accipere .... (velle).
   Itaque statuam nunc vendere .... (malle)."
2. Amici: „Nos statuam vendere .... (nolle)!"
3. Fur: „Cur vos statuam vendere .... (nolle)?"
4. Amici: „Fessi sumus! Dormire quam statuam vendere .... (malle)!"
5. Fur: „Tacete! Ego statuam vendere .... (malle) quam verba stulta audire!"

››› Übung 3 Übersetze den Text in dein Heft.

ONLINE TESTEN & WEITERÜBEN
www.trainingplus-schule.de
Benutzername: lateinplus6-8
Passwort: testfit

Abschlusstest (35 Minuten)

Aufgabe 1 Ergänze die Tabelle.

velle	posse	esse
volo		
	poteramus	
		sunt
volent		
	potest	
		eritis
vis		
		eram
	possumus	
volebas		

Punkte: ☐ von 10

Aufgabe 2 Bilde die entsprechenden Formen von *velle, nolle* oder *malle.*

velle	nolle	malle
vult		
	nolebant	
		mavis
volebam		
		malumus
	non vultis	

Punkte: ☐ von 6

Artemis-Tempel in Gerasa

Aufgabe 3 **Übersetze den Text.**

1. Statua in villa iam diu erat.

2. Multas horas patronus statuam invenire non poterat.

3. Servi saepe interrogabant: „Quo modo te adiuvare possumus?“

4. Nunc liberi dicunt: „Certe fur statuam comprehendit et postea vendere vult!

5. Nos furem capere quam in villa manere et dolere malumus!“

6. Serva autem petit: „O liberi, quid agitis? Curas parentibus parare vultis? Domo manete!“

7. Sed liberi audire nolunt et cito villam relinquunt.

Wortschatz: comprehendit *3. Person Singular Perfekt: er hat an sich genommen*

Punkte: ☐ von 33

Gesamtpunktzahl: ☐ von 49

0–25: Leider ist dir noch zu vieles unklar. Arbeite deshalb das Kapitel noch einmal gründlich durch.

26–44: Teilweise kannst du die Aufgaben schon gut beantworten, aber manchmal bist du noch ziemlich unsicher. Arbeite deshalb noch einmal die Übungen durch, in denen du beim ersten Mal viele Fehler hattest.

45–49: Prima! Du kennst dich mit den besonderen Verben schon richtig gut aus! Weiter so!

KAPITEL 9

;estellte Szene mit römischen Soldaten

Gliedsätze

Marcus und Julia beobachten den Dieb: Er scheint es schwer zu haben, die Statue zu verkaufen. Plötzlich taucht in der Nähe ein Prätor mit seinem Gefolge auf. Höchste Gefahrenstufe für den Dieb!

9.1 Adverbiale Gliedsätze

Gliedsätze als adverbiale Bestimmung

Alles klar?!

Adverbiale Gliedsätze füllen die Satzgliedstelle adverbiale Bestimmung. Sie geben genauere Informationen zu der Handlung des Hauptsatzes.

Hauptsatz mit adverbialer Bestimmung

Liberi	**propter dolorem patris**	statuam investigabant.
Die Kinder suchten	**wegen der Trauer ihres Vaters**	die Statue.

Hauptsatz und Gliedsatz als adverbiale Bestimmung

Liberi	**quia pater dolebat**	statuam investigabant.
Die Kinder suchten,	**weil ihr Vater traurig war,**	die Statue.

Die Sinnrichtungen

Adverbiale Gliedsätze haben verschiedene Sinnrichtungen. Du erkennst sie an den Einleitungswörtern, den Subjunktionen. Die wichtigsten Sinnrichtungen sind:

temporal	Angabe der **Zeit**	als, sobald, während, bevor	**cum, ubi, dum, priusquam**
kausal	Angabe des **Grundes**	weil, da	**quod, quia**
konzessiv	Angabe einer **Einräumung**, eines **Zugeständnisses**	obwohl, obgleich	**quamquam**
konditional	Angabe einer **Bedingung**	wenn, falls	**si**

Römischer „Fußgängerüberweg“, Herculaneum

Übung 1 **Bilde sinnvolle Satzgefüge, indem du die passenden Haupt- und Gliedsätze durch einen Pfeil miteinander verbindest, und gib die Sinnrichtung des Gliedsatzes an.**

		Sinnrichtung
1. Liberi basilicae appropinquabant,	si viris appropinquabimus."	
2. Fur viro statuam monstrabat,	quamquam prope eum stabant.	
3. Liberi deliberabant: „Nos furem capiemus,	quia ei vendere cupiebat.	
4. Liberi verba viri non audiebant,	priusquam statuam vendere potest."	
5. Marcus deliberabat: „Certe verba furis audiemus,	dum fur cum viro disputat.	

Übung 2 **Übersetze die Sätze. (Schreibe in dein Heft.)**

Übung 3 **Setze die passenden Subjunktionen ein und übersetze (in dein Heft).**

Die Kinder verstehen nicht alles, was die Männer sprechen.
Immer noch sind die Verhandlungen hinter der Basilika im Gange. Ein Mann erscheint, der sich für die Statue interessiert. Weil die Kinder Abstand halten müssen, entgehen ihnen erneut einige Worte des Gesprächs. Doch eins wird klar: Es geht um den Prätor, der eine Gefahr für Diebe und ihre Kunden darstellt. Deshalb ist für die Männer Eile geboten!

dum (2x) | quia | si (2x) | dum | priusquam | ubi

1. Vir: „.. tu statuam auream rapis, ego te investigabam."
2. Fur: „Frustra me investigabas, ... per totam urbem errabam."
3. Vir: „.. ad forum venisti, te invenire potui."
4. Fur: „Noli verba multa facere! .... statua tibi placet, eam mox possidere poteris."
5. Fur: „Fortasse praetor per forum ambulat, ... nos disputamus!"
6. Vir: „Da mihi statim statuam, ... praetor nos invenit."
7. Fur: „Primum mihi pecuniam da, ... cito discedere cupis!"

Wortschatz: venisti *du bist gekommen* · potui *ich konnte* · noli multa verba facere! *hör auf, so viel zu reden!*

Lösungen Seite 121

9.2 Relativsätze

Gliedsätze als Attribut

Alles klar?!

Gliedsätze können auch die Position eines Attributs einnehmen. Diese Attributsätze sind Relativsätze. Sie werden nicht mit einer Subjunktion eingeleitet, sondern mit einem Relativpronomen.

Hauptsatz mit Attribut

Fur statuam	**patroni**	vendere cupiebat.
Der Dieb wollte die Statue	**des Patrons**	verkaufen.

Hauptsatz mit Attributsatz

Fur statuam,	**quam patronus possidebat,**	vendere cupiebat.
Der Dieb wollte die Statue,	**die der Patron besaß,**	verkaufen.

Übung 1 **Beschreibung über Beschreibung! Suche die Relativsätze heraus. Unterstreiche Relativpronomen und Bezugswort.**

Während Dieb und Hehler sich noch streiten, nähert sich tatsächlich ein Prätor mit seinem Gefolge der Gruppe …

1. Praetor, qui per forum ambulat, viris appropinquat.
2. Fur virum, cui statuam vendere cupit, vituperat:
3. „Stultus es! Is praetor, quem hic videmus, nos capere cupit! Itaque nunc venit!"
4. Tum praetor, quem lictores adiuvant, furem accusat:
5. „Quid agis? Demonstra mihi eam statuam, quam tecum portas!
6. Certe statua ei viro est, qui a nobis auxilium petebat."
7. Tum liberos, qui prope viros stant, interrogat:
8. „Quid vos hic agitis?"
9. Liberi respondent: „Is vir, quem hic videtis, fur est! Eum comprehendite!"

Übung 2 **Übersetze den Text. Schreibe in dein Heft.**

 Lösungen Seite 122

Übung 3 Wer ist gemeint? – Setze das passende Relativpronomen ein.

1. Liberi tandem statuam, ... (quam/quae/quem) pater desiderat, vident.
2. Fur, ... (cui/cuius/qui) amici dormire malunt, cum viro disputat.
3. Praetor lictoribus, ... (quorum/qui/quibus) eum per vias ducunt, furem monstrat.
4. Liberi, ... (cuius/quas/quos) praetor interrogat, de statua narrant.
5. Praetor verba, ... (quibus/quae/quarum) liberi fabulam totam narrant, attente audit.

Übung 4 Übersetze den Text. (Schreibe in dein Heft.)

Statue der Minerva

Abschlusstest (35 Minuten)

Aufgabe 1 **Übersetze die Satzpaare. Bilde dann aus dem zweiten Satz einen Relativsatz, und zwar erst im Deutschen und dann im Lateinischen. (Schreibe in dein Heft.)**

1. Liberi *furem* capere cupiebant. *Fur* statuam rapuerat (er hatte gestohlen).
2. *Fur fugere* in animo habebat. Liberi *furem* inveniebant.
3. Praetor *liberis* appropinquabat. *Liberi* furem et virum observabant.
4. Lictores *praetorem* per urbem ducebant. *Praetori* semper parebant.

Punkte: a) ☐ von 16, b) ☐ von 8 (4 deutsch; 4 lateinisch)

Aufgabe 2 **Ordne die richtigen Adverbialsätze zu: Ziehe Verbindungslinien zwischen der ersten und der zweiten Spalte. Gib dann die Sinnrichtung an.**

		Sinnrichtung
1. Liberi verbis furis et viri clam audiebant,	quia praetor vir honestus erat.	
2. Lictores praetori antecedebant,	si praetor nobis appropinquabit.	
3. Cuncti homines praetorem salutabant	cum praetor per vias urbis ambulabat.	
4. Liberi deliberabant: Auxilium praetoris petemus,	cum subito praetor urbis apparebat.	

Punkte: a) ☐ von 4

Aufgabe 3 **Übersetze den Text von Aufgabe 2 (in deinem Heft).**

Punkte: a) ☐ von 15

Gesamtpunktzahl: ☐ von 43

0–20: Leider ist dir noch zu vieles unklar. Arbeite deshalb das Kapitel noch einmal gründlich durch.

21–37: Teilweise kannst du die Aufgaben schon gut beantworten, aber manchmal bist du noch ziemlich unsicher. Arbeite deshalb noch einmal die Übungen durch, in denen du beim ersten Mal viele Fehler hattest.

38–43: Bravo! Du kennst dich mit den Gliedsätzen schon richtig gut aus! Weiter so!

Kolosseum, Rom

KAPITEL 10

Kasus-funktionen

Der Prätor ist auf den Dieb aufmerksam geworden und stellt ihn zur Rede. Dieser versucht sich zu rechtfertigen – ohne Erfolg. Er wird zur Wache mitgenommen, wo Marcus und Julia dem Prätor die ganze Geschichte erzählen …

Alles klar?! ››› Übungen ››› Abschlusstest ››› Online-Weiterüben

10.1 Der Genitiv

Der Genitiv

Alles klar?!

Grundfunktion des Genitivs: Angabe des Bereiches

Der Genitiv antwortet in seiner Grundfunktion auf die Frage: Wessen? und gibt den Bereich an, zu dem eine Person oder Sache gehört. Dieser Bereichsgenitiv hat als Satzglied die Funktion eines Attributs.

Marcus et Iulia in parte pulchra **urbis** vivunt.	Marcus und Julia leben in einem schönen Teil **der Stadt**.	**Wessen** Teil?

Genitivus possessivus

Der Bereich, den ein Genitiv beschreibt, kann oft näher bestimmt werden: Der Genitiv kann den Besitzer angeben. Dann heißt er *genitivus possessivus.* Als Satzglied ist er ein Attribut.

Fures statua **domini** prope basilicam vendunt.	Die Diebe verkaufen die Statue **des Herrn** in der Nähe der Basilika.	**Wessen** Statue?

Genitivus subiectivus und obiectivus

Der *genitivus* ***subiectivus*** bezeichnet das *Subjekt,* also den Täter oder Verursacher einer Handlung oder Empfindung.
Der *genitivus* ***obiectivus*** bezeichnet das *Objekt,* also die Person, auf die sich die Handlung oder Empfindung richtet. Du gibst ihn im Deutschen meist mit einem präpositionalen Ausdruck wieder.
Auch in diesen beiden Fällen wird der Genitiv im Lateinischen als Attribut gebraucht.

Timor **furis** magnus est.	genitivus subiectivus	Die Angst **des Diebes** ist groß.	**Wessen** Angst? (**Wer** hat Angst?)
	genitivus obiectivus	Die Angst **vor dem Dieb** ist groß.	Angst **vor wem**? (**Auf wen richtet** sich die Angst?)

Nota bene!

Ob der Genitiv als *genitivus subiectivus* oder als *genitivus obiectivus* zu verstehen ist, kannst du nur aus dem Zusammenhang entscheiden.

››› Übung **Der Genitiv: „Besitzer“ – „Täter“ – „Objekt“? – Ordne die Wortverbindungen zu und übersetze sie. Da die Ausdrücke hier nicht in einem Textzusammenhang stehen, kannst du bei einigen nicht entscheiden, ob es sich um einen *genitivus subiectivus* oder *genitivus obiectivus* handelt. Übersetze also beide Möglichkeiten.**

timor liberorum (2) | villa domini | cura matris (2) | vita mulieris | cloaca urbis |
amor patris (2) | familia Marci | timor pueri (2) | odium praetoris (2)

	genitivus possessivus	**genitivus subiectivus**	**genitivus obiectivus**
lat.	....	....	....
dt.	....	....	....
lat.	....	....	....
dt.	....	....	....
lat.	....	....	....
dt.	....	....	....
lat.	....	....	....
dt.	....	....	....
lat.	....	....	....
dt.	....	....	....

Lösungen Seite 124

10.2 Der Dativ

Der Dativ

Alles klar?!

Der Dativ als Objekt

Das Dativobjekt antwortet auf die Frage: **Wem?** (vgl. Kapitel 6.2, Seite 52).

Liberi **furi sociis que** appropinquant.	Die Kindern nähern sich **dem Dieb und seinen Freunden**.	**Wem** nähern sich die Kinder?

Dativus possessivus

Der Dativ kann auch den Besitzer angeben, er heißt dann *dativus possessivus.*
Er bildet als Prädikatsnomen mit den Formen von *esse* das Prädikat. Im Lateinischen wird *esse* + Dativ sehr häufig verwendet, um ein Besitzverhältnis auszudrücken; im Deutschen muss es mit „gehören" oder „haben"/„besitzen" übersetzt werden.

Statua aurea **domino est**.	(Die goldene Statue **„ist dem Herrn"**.) Die goldene Statue **gehört dem Herrn**. *(oder)* **Der Herr besitzt** die goldene Statue.

››› Übung 1 Was gehört wem? – Bilde von dem in Klammern gesetzten Substantiv die richtige Form, sodass es den Besitzer angibt.

1. Merces variae .... (mercator) sunt.
2. Statua deae Vestae non ....(is vir) est.
3. Pecunia multa .... (patronus) est.
4. Multi liberi .... (senatores) sunt.
5. Clientes cari .... (pater) sunt.
6. Servae bonae .... (domina) sunt.

››› Übung 2 Übersetze die Sätze in deinem Heft.

››› Übung 3 **Unterstreiche in den folgenden Sätzen die Dative, bestimme ihre Funktion und übersetze.**

Eine erste Befragung der Diebe

Der Prätor fragt den Dieb und seine Kameraden, woher sie die Statue haben. Der Dieb versucht, sich herauszureden …

1. Praetor furi sociisque appropinquat et interrogat:

   Funktion: ……………………………………………………………………………

   Übersetzung: ……………………………………………………………………………

   ……………………………………………………………………………

2. „Quid hic facitis? Cui statua aurea est?“

   Funktion: ……………………………………………………………………………

   Übersetzung: ……………………………………………………………………………

   ……………………………………………………………………………

3. Fur: „Seni statuam erat.

   Funktion: ……………………………………………………………………………

   Übersetzung: ……………………………………………………………………………

   ……………………………………………………………………………

4. Amicis meis vendidit.“

   Funktion: ……………………………………………………………………………

   Übersetzung: ……………………………………………………………………………

   ……………………………………………………………………………

5. Sed praetor furi non putat.

   Funktion: ……………………………………………………………………………

   Übersetzung: ……………………………………………………………………………

   ……………………………………………………………………………

Wortschatz: vendidit *er hat verkauft*

Lösungen Seite 124–125

10.3 Der Akkusativ

Der Akkusativ

Alles klar?!

Der Akkusativ als Objekt
Der Akkusativ ist der Kasus des direkten Objekts und antwortet auf die Frage: **Wen oder was?**

Liberi **furem** investigabant.	Die Kinder suchten **den Dieb**.	**Wen? furem**

Akkusativ der räumlichen und zeitlichen Ausdehnung
Der Akkusativ kann auch die Funktion einer adverbialen Bestimmung haben.
Wenn er die Richtung angibt, beantwortet er die Frage: „Wohin?"
Bei Namen von Städten oder kleineren Inseln steht der Richtungsakkusativ ohne Präposition, ansonsten mit der Präposition „in".

Fur cum amicis **Romam** veniebat.	Der Dieb kam mit seinen Freunden **nach Rom**.	**Wohin? Romam**
Fur cum amicis ***in* forum** currit.	Der Dieb läuft mit seinen Freunden **aufs Forum**.	**Wohin? *in* forum**

Der Akkusativ kann auch die Ausdehnung einer Zeit angeben und beantwortet die Frage: „Wie lange?". Dann steht er immer ohne Präposition.

Liberi **multas horas** furem investigabant.	Die Kinder suchten den Dieb **viele Stunden lang**.	**Wie lange? multas horas**

Nota bene! Wie lang, wie breit, wie hoch, wie tief: Hier steht immer der Akkusativ!

››› Übung **Wer und wohin? – Welche lateinische Aussage passt zu den deutschen Sätzen? Ordne sie zu und übersetze sie in deinem Heft.**

Per vias urbis currunt. | Servi multas horas statuam quaerunt. | Omnes in atrium properant. | Romam veniunt, quia in Graecia noti erant.

Deutscher Satz	Lateinische Ergänzung
1. Die Familie erwartet die Klienten.	
2. Eine wertvolle goldene Statue ist verschwunden.	
3. Die Diebe kamen aus Athen.	
4. Die Kinder wollen die Statue finden.	

 Lösungen Seite 125

10.4 Der Ablativ

Die Sinnrichtungen des Ablativs

Alles klar?!

Der Ablativ ist der Kasus, der die meisten verschiedenen Sinnrichtungen hat. In allen hier genannten Funktionen füllt er die Satzgliedstelle adverbiale Bestimmung.

Funktion und Name	Frage	Beispiel	Übersetzung
des **Mittels: ablativus instrumenti**	**Womit/ wodurch?**	Dominus **statuis** villam ornabat.	Der Herr schmückte seine Villa **mit Statuen**.
der **Zeit: ablativus temporis**	**Wann?**	**Prima luce** clientes dominum salutabant.	**Bei Tagesanbruch** machten die Klienten dem Herrn ihre Aufwartung.
des **Ortes: ablativus loci** bei Städtenamen, bei Wendungen mit *totus* oder *locus*	**Wo?**	**Multis locis** liberi statuam investigabant.	**An vielen Orten** suchten die Kinder die Statue.
der **Art und Weise: ablativus modi**	**Wie?**	**Magno gaudio** liberi praetorem exspectant.	**Mit großer Freude** erwarten die Kinder den Prätor.
des **Grundes: ablativus causae**	**Weshalb/ worüber?**	Dominus **statua** gaudebat.	Der Herr freute sich über die **Statue**.
der **Trennung: ablativus separativus**	**Wovon/ von was?**	Praetor liberos **curis** liberabat.	Der Prätor befreite die Kinder **von ihren Sorgen**.

Häufig wird die Sinnrichtung des Ablativs durch bestimmte Präpositionen verdeutlicht.

Funktion und Name	Frage	Beispiel	Übersetzung
des **Ortes: ablativus loci** mit Präposition ***in***	**Wo?**	Liberi **in foro** statuam investigabant.	**Auf dem Forum** suchten die Kinder die Statue.
der **Trennung: ablativus separativus** mit Präposition ***a/ab, de, e/ex***	**Wovon/ von was/ woher/ woraus?**	Praetor **e villa** ad forum properat.	Der Prätor eilt **aus seiner Villa** auf das Forum.
der **Art und Weise:** mit Präposition ***cum***	**Wie?**	**Magno cum timore** fur praetorem videt.	**Mit großer Angst** sieht der Dieb den Prätor.

››› Übung 1 Unterstreiche die Ablative und schreibe in die zweite Spalte ihre Sinnrichtung (Funktion).

Auf der Wache

Mit den Kindern, dem Dieb und dem Hehler begeben sich Prätor und Liktoren nun zur Wache. Dort kommen noch einmal alle Parteien zu Wort.

1. Praetor cum lictoribus, cum liberis, cum fure,	....
cum viro quinta hora ad vigiliam properat.	....
2. Eo loco et furem et virum multa interrogat.	....
3. Tum fur praetorem lacrimis multis movere vult.	....
4. Sed fur spectaculo eo praetorem movere non potest.	....
5. Liberi narrant: „Fur patrem statua aurea spoliabat.	....
6. Nos multas horas et multis locis statuam et furem	....
investigabamus!"	....
7. Tum patronus venit et statuam a praetore accipit.	....
8. Studio liberorum valde gaudet.	....

Wortschatz: vigilia, -ae f. *Wache*

››› Übung 2 Übersetze den Text in deinem Heft.

Abschlusstest (55 Minuten)

Aufgabe 1 **Nenne und erkläre zwei Sinnrichtungen des Genitivs und drei des Ablativs.**

....

....

....

....

....

Punkte: ☐ von 5

Aufgabe 2 **Unterstreiche in dem Text von Aufgabe 3 die folgenden Kasus:**

alle Genitive lila,
alle Akkusative, die kein Objekt sind, blau,
alle Dative, die kein Objekt sind, rot
und alle Ablative mit und ohne Präposition gelb.

Punkte: ☐ von 10

Römische Schauspielmasken, dargestellt auf einem Mosaik

››› Aufgabe 3 **Bestimme die Sinnrichtung dieser Kasus.**

Auf der Wache versucht der Dieb, seinen Diebstahl immer noch zu leugnen. Doch es hilft ihm nichts. Endlich kommt auch der Vater der Kinder und die Statue kann wieder an ihren Platz zurückgebracht werden.

1. Dum praetor cum fure de statua disputat, liberi statuam deae Vestae maximo cum gaudio spectant.

   Bestimmung: ....

2. Fur magna voce vocat: „Statua non patrono est! Heri ignoto loco inveni!"

   Bestimmung: ....

3. Liberi rident: „Stultus es! Multas horas per urbem errabas et virum quaerebas, cui statuam patris vendere poteras!"

   Bestimmung: ....

4. Praetor dicit: „Tu fur es! Mox in carcere urbis habitabis!"

   Bestimmung: ....

5. Tum lictoribus imperat: „Nuntiate domino! Nos curis eum liberabimus, quia liberi statuam inveniebant."

   Bestimmung: ....

6. Sub vesperum liberi in villam redeunt. Ea nocte bene dormiunt.

   Bestimmung: ....

7. Fur autem dormire non potest, quia timor carceris eum vexat.

   Bestimmung: ....

Wortschatz: inveni *ich habe gefunden*

Punkte: ☐ von 7

››› Aufgabe 4 **Übersetze den Text. (Schreibe in dein Heft.)**

Punkte: ☐ von 7

GESCHAFFT

Gesamtpunktzahl: ☐ von 29

0–10: Leider ist dir noch zu vieles unklar. Arbeite deshalb das Kapitel noch einmal gründlich durch.

11–25: Teilweise kannst du die Aufgaben schon gut beantworten, aber manchmal bist du noch ziemlich unsicher. Arbeite deshalb noch einmal die Übungen durch, in denen du beim ersten Mal viele Fehler hattest.

26–29: Toll! Die verschiedenen Funktionen der Kasus sind kein Problem für dich! Weiter so!

Lösungen

1.2 Die Kasus der Substantive

››› Übung Seite 7

Kasus – Fall, Ablativ – 5. Fall, Nomen – Substantiv,
Genus – grammatisches Geschlecht, Numerus – Anzahl

1.3 a-Deklination (1. Deklination)

››› Übung 1 Seite 8

Marcus et Iulia in magna villa vivunt. Hodie liberi cum familia in atrio villae sedent, quia salutationem clientium exspectant. Tandem viri intrant et patronum salutant. Et dominus salutat et amicis aliquid cibi dat. Paulo post discedunt. Subito servae magna voce clamant. Quid est? Statua aurea deae Vestae deest!

Iulia: Nominativ Singular, villa: Ablativ Singular, familia: Ablativ Singular, villae: Genitiv Singular, servae: Nominativ Plural, statua: Nominativ Singular, deae: Genitiv Singular

››› Übung 2 Seite 8

Marcus und Julia leben in einer großen Villa. Heute sitzen die Kinder mit ihrer Familie im Atrium der Villa, weil sie die Aufwartung der Klienten erwarten. Endlich treten die Männer herein und begrüßen den „Patronus". Auch der Herr grüßt und gibt den Freunden etwas zu essen. Kurz darauf gehen sie (wieder) weg. Plötzlich schreien Sklavinnen mit lauter Stimme. Was ist los? Eine goldene Statue der Göttin Vesta fehlt (ist verschwunden).

1.4 o-Deklination (2. Deklination)

››› Übung 1 Seite 10

Singular	Plural
aedificii	aedificiorum
ager	agri
amicum	amicos
servo	servis
viri	virorum
donum	dona
agro	agris
avus	avi

››› Übung 2 Seite 10

1. Dominus servos vocat.
2. Servi in atrium properant.
3. Cuncti magno studio statuam auream quaerunt.
4. Liberi in cubiculum domini currunt.
5. Sed statuam in aedificio invenire non possunt.

››› Übung 3 Seite 10

1. Der Herr ruft die Sklaven.
2. Die Sklaven eilen ins Atrium.
3. Alle suchen mit Eifer die goldene Statue.
4. Die Kinder laufen ins Schlafzimmer des Herrn.
5. Aber sie können die Statue im Haus nicht finden.

1.5 Konsonantische Deklination (3. Deklination)

››› Übung 1 Seite 11

1. domini → imperatoris *und* imperatores
2. dominum → imperatorem
3. domino → imperatori *und* imperatore
4. dominis → imperatoribus
5. dominorum → imperatorum
6. dominos → imperatores

››› Übung 2 Seite 12

a-Deklination		**o-Deklination**		**konsonantische Deklination**	
puellae	des Mädchens dem Mädchen die Mädchen	oculi	des Auges die Augen	sororem	das Mädchen
serva	die Sklavin mit der Sklavin	aedificiorum	der Gebäude	victoribus	den Siegern mit den Siegern
fugae	der Flucht der Flucht die Fluchtwege	patronum	den Schutzherrn	nocte	in der Nacht
matronas	die Frauen	periculis	den Gefahren mit den Gefahren	clamoris	des Lärms
filiam	die Tochter	auxilio	der Hilfe mit der Hilfe	senatorum	der Senatoren
		consilium	der Rat den Rat	timori	der Angst
		dei	des Gottes die Götter	fures	die Diebe die Diebe

››› Übung 3 Seite 12

Lateinisch	**Deutsch**
matris, matri	der Mutter (2)
sorori	der Schwester
patrum	der Väter
senatores	die Senatoren
orationibus (2)	den Reden, mit den Reden
furi	dem Dieb
sororibus	mit den Schwestern
homines	die Menschen
consulis	des Konsuls
imperatoris	des Feldherrn
furem	den Dieb

Abschlusstest

››› Aufgabe 1 Seite 13

1. Mane familia viri Romani in atrio sedet et salutationem clientium exspectat.
   - familia: Nom. Sg. f.
   - viri: Gen. Sg. m.
   - atrio: Abl. Sg. n.
   - salutationem: Akk. Sg. f.
   - clientium: Gen. Pl. m.
2. Multi viri veniunt et patronum salutant.
   - viri: Nom. Pl. m.
   - patronum: Akk. Sg. m.
3. Patronus amicis cibos dat.
   - patronus: Nom. Sg. m.
   - amicis: Dat. Pl. m.
   - cibos: Akk. Pl. m.
4. Dona domini etiam liberis placent.
   - dona: Nom. Pl. n.
   - domini: Gen. Sg. m.
   - liberis: Dat. Pl. m.
5. Subito cuncti magnum clamorem audiunt.
   - clamorem: Akk. Sg. m.
6. Domina vocat: Ubi est statua aurea deae Vestae?
   - domina: Nom. Sg. f.
   - statua: Nom. Sg. f.
   - deae: Gen. Sg. f.

››› Aufgabe 2 Seite 14

1. Am frühen Morgen sitzt die Familie eines römischen Mannes im Atrium und wartet auf die Aufwartung der Klienten.
2. Es kommen viele Männer und begrüßen den Patronus.
3. Der Patronus gibt seinen Freunden Speisen.
4. Die Geschenke des Hausherrn gefallen auch den Kindern.
5. Plötzlich hören alle einen großen Lärm.
6. Die Herrin ruft: Wo ist die goldene Statue der Göttin Vesta?

››› Aufgabe 3 Seite 14

1. **timor:** timori → timore → timoribus → timores → timorum → timoris
2. **dea:** deae → dearum → deas → deam → deae → deis
3. **periculum:** periculo → periculis → pericula → periculum → periculum → pericula
4. **vir:** viri → virorum → viris → viro → viri → viro

2.1 Adjektive der a- und o- Deklination

››› Übung 1 Seite 17

oculum parvum = ein kleines Auge
patri severo = dem strengen Vater
oratoribus Romanis = den römischen Rednern oder mit den römischen Rednern
hominum multorum = vieler Menschen
familiae laetae = der fröhlichen Familie oder die fröhlichen Familien
servos stultos = die dummen Sklaven
feminis pulchris = den hübschen Frauen oder mit den hübschen Frauen
hominem liberum = den freien Menschen

››› Übung 2 Seite 17/18

1. Liberi deliberant: Quis fur statuae aureae est?
   Übersetzung: Die Kinder überlegen: Wer ist der Dieb der goldenen Statue?
2. Marcus: Titus, vir toga sordida, dominum semper salutat – statuam certe non habet.
   Übersetzung: Marcus sagt: Titus, der Mann mit der schmutzigen Toga, grüßt den Herrn immer – er hat die Statue sicher nicht.
3. Iulia: Fabius amicus semper uxorem aegrotam ad salutationem ducit – statuam certe non habet.
   Übersetzung: Der (besser: unser) Freund Fabius bringt seine kranke Frau immer zur Aufwartung mit – er hat die Statue sicher nicht.
4. Marcus: Quintus filio iucundo crustula semper apportat – statuam certe non habet.
   Übersetzung: Quintus bringt seinem netten Sohn immer kleine Kuchen mit – er hat die Statue sicher nicht.
5. Iulia: Cunctos viros cognoscimus. Sed virum barbarum cum duobus amicis periculosis nondum vidimus – statuam certe habet!
   Übersetzung: Wir kennen alle Männer. Aber wir haben den fremden Mann mit seinen beiden gefährlichen Freunden noch nicht gesehen – er hat sicher die Statue!

2.2 Adjektive der 3. Deklination

››› Übung 1 Seite 21

1. **puer tristis** → pueri tristes → puerorum tristium → pueri tristis → puero tristi → pueris tristibus
2. **cura gravis** → curam gravem → curae gravi → curis gravibus → curarum gravium → curae gravis
3. **equus celer** → equo celeri → equis celeribus → equorum celerium → equos celeres → equum celerem
4. **fur audax** → furi audaci → furibus audacibus → fures audaces → furibus audacibus → fure audaci
5. **templum omne** → templi omnis → templorum omnium → templa omnia → templis omnibus → templo omni

››› Übung 2 Seite 21

1. Dominus villam ingentem amicis nobilibus demonstrat.
2. In culina villae ingentis coquus laborat.
3. Cottidie cibos omnes familiae parat.
4. Servi omnes multum laborare debent.
5. Nonnumquam vita servorum infelicium dura est.
6. Dominus autem cum muliere vitam felicem agit.
7. Amicis villa illustris placet.

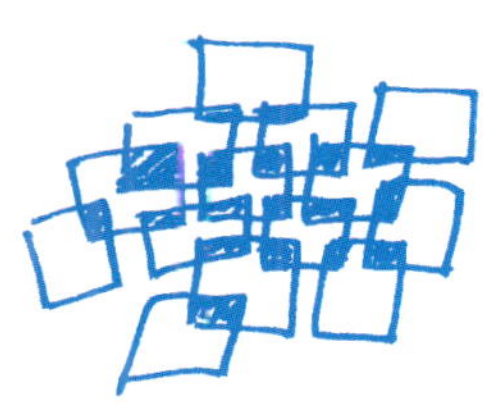

1. Der Herr zeigt seinen adligen Freunden seine riesige Villa.
2. In der Küche der riesigen Villa arbeitet ein Koch.
3. Täglich bereitet er für die Familie alle Speisen zu.

4. Alle Sklaven müssen viel arbeiten.
5. Manchmal ist das Leben der unglücklichen Sklaven hart.
6. Der Herr aber führt mit seiner Frau ein glückliches Leben.
7. Den Freunden gefällt die ausgezeichnete (vornehme) Villa.

2.3 Die Verwendung der Adjektive

))) Übung Seite 22

1. Vir barbarus amicique periculosi fugiunt, quia statuam auream rapuerunt.
   Übersetzung: Der fremde Mann und seine gefährlichen Freunde laufen weg, weil sie die goldene Staue gestohlen haben.
2. Statua pulchra est.
   Übersetzung: Die Statue ist schön.
3. Fures in animum habent statuam pulchram vendere.
   Übersetzung: Die Diebe haben vor, die schöne Statue zu verkaufen.
4. Fures felices sunt et rident.
   Übersetzung: Die Diebe sind glücklich und lachen.
5. Itaque fures audaces Esquilinum montem relinquunt et Suburam petunt.
   Übersetzung: Deshalb verlassen die frechen Diebe den Esquilin und eilen in die Subura.

Abschlusstest

))) Aufgabe 1 Seite 23

1. **ars mira:** artem miram → artes miras → atribus miris → arti mirae → arte mira → artibus miris → artes mirae
2. **clamor magnus:** clamores magni → clamoribus magnis → clamori magno → clamoris magni → clamorum magnorum → clamores magnos → clamorem magnum
3. **donum ingens:** dona ingentia → dona ingentia → donum ingens → dono ingenti → doni ingentis → donorum ingentium → donis ingentibus
4. **puella felix:** puella felici → puellis felicibus → puellae felices → puellarum felicium → puellae felicis → puellae felici → puellis felicibus

))) Aufgabe 2 Seite 23/24

1. Quamquam liberi commoti in tota villa statuam quaerunt, nihil inveniunt.
   Obwohl die aufgeregten Kinder in der ganzen Villa die Statue suchen, finden sie nichts.
2. Itaque infelices sunt et deliberant: Statua aurea deae Vestae certe rapta est!
   Deshalb sind sie unglücklich und überlegen: Die goldene Statue der Göttin Vesta ist sicherlich geraubt worden!
3. Quis autem fur audax est? Quis statuam pulchram nunc habet?
   Wer aber ist der freche Dieb? Wer hat nun die schöne Statue?
4. Certe vir barbarus cum amicis periculosis statuam habet.
   Sicherlich hat der fremde Mann mit seinen gefährlichen Freunden die Statue.
5. Ceteri viri homines probi honestique sunt.
   Die übrigen Männer sind anständig und ehrenhaft.
6. Numquam in animo habent statuam patroni boni rapere.
   Sie haben niemals vor, eine Statue des guten Patrons zu stehlen.

››› Aufgabe 3 Seite 24

1. Statua aurea deae Vestae certe rapta est! — statuae aureae
2. Certe vir barbarus cum amicis periculosis statuam habet. — viri barbari / amico periculoso
3. Amici patroni boni numquam in animo habent statuam pulchram rapere. — patronorum bonorum / statuas pulchras

3.1 Konjugationsklassen und Personalendungen

››› Übung 1 Seite 26

	Wortstamm	Konjugationsklasse	Person und Numerus	Übersetzung
properamus	propera-	a-Konjugation	1. P. Plural	wir eilen
currit	curr-	kons. Konjugation	3. P. Singular	er, sie, es läuft
appropinquo	apropinqua-	a-Konjugation	1. P. Singular	ich nähere mich
fugitis	fug-	kons. Konjugation	2. P. Plural	ihr flieht
agis	ag-	kons. Konjugation	2. P. Singular	du handelst
audiunt	audi-	i- Konjugation	3. P. Plural	sie hören
vides	vide-	e- Konjugation	2. P. Singular	du siehst
vocatis	voca-	a-Konjugation	2. P. Plural	ihr hört
ducimus	duc-	kons. Konjugation	1. P. Plural	wir führen
spectat	specta-	a-Konjugation	3. P. Singular	er sieht
dico	dic-	kons. Konjugation	1. P. Singular	ich sage

3.2 Präsens und Imperativ

››› Übung 1 Seite 28

vide!	schau!
currunt	sie laufen herbei
dic!	sag!
venitis	ihr kommt
propero	ich eile
petunt	sie streben nach
dicimus	wir sagen
sentis	du spürst
cupit	er wünscht
narrate!	erzählt!

››› Übung 2 Seite 28

habeo → habemus → habetis → habes → habet
facit → faciunt → facite! → fac! → facio
clamas → clamo → clamamus → clamatis → clamate!

››› Übung 3 Seite 28

1. Liberi statuam invenire in animo habent. Die Kinder haben vor, die Statue zu finden.
2. Itaque Marcus et Iulia deliberant: „Ubi fur nunc est?“ Deshalb überlegen Marcus und Julia: „Wo ist der Dieb jetzt?“
3. Pater dicit: „Scio! Cliens novus in subura habitat.“ Der Vater sagt: „Ich weiß! Der neue Klient wohnt in der Subura!“
4. Iulia: „Nunc suburam petimus! Age, Marce!“ Julia sagt: „Nun gehen wir in die Subura! Los geht's, Marcus!“
5. Marcus: „Nonne periculum times?“ Marcus fragt: „Fürchtest du denn gar nicht die Gefahr?“
6. Iulia respondet: „Ego numquam periculum timeo!“ Julia antwortet: „Ich fürchte niemals eine Gefahr!“
7. Tandem liberi villam in Esquilino monte sitam relinquunt et suburam petunt. Endlich verlassen die Kinder die Villa auf dem Esquilin und gehen in die Subura.

3.3 Futur

››› Übung 1 Seite 29

Präsens		Futur	
agimus	wir handeln	capiemus	wir werden fangen
gaudemus	wir freuen uns	audietis	ihr werdet hören
videtis	ihr seht	veniam	ich werde kommen
comprehenditis	ihr ergreift	curram	ich werde laufen
tacet	er, sie, es schweigt	traham	ich werde ziehen
vocas	du rufst	cedet	er, sie, es weicht aus
iaces	du liegst	fugiet	er, sie, es wird fliehen
respondent	sie antworten	videbis	du wirst sehen
		stabunt	sie werden stehen

››› Übung 2 Seite 30

1. Iulia: „Certe furem inveniemus. Sed fortasse fur fugere cupiet et statuam vendet.“
   Julia sagt: „Wir werden den Dieb sicher finden. Aber vielleicht wird der Dieb fliehen wollen und wird die Statue verkaufen.“
2. Marcus: „Iulia, videbis: Furem comprehendemus, si cito curremus.“
   Marcus antwortet: „Julia, du wirst sehen: Wir werden den Dieb ergreifen, wenn wir schnell laufen (werden).
3. Tum pater statuam mox iterum possidebit.“
   Dann wird der Vater die Statue bald wieder besitzen.“
4. Iulia: „Fortasse homines venient et spectabunt.
   Julia sagt: „Vielleicht werden Menschen kommen und schauen.
5. Certe homines nos interrogabunt: ‚Quid agitis? Cur virum capere cupitis?‘“
   Sicher werden uns die Menschen fragen: ‚Was macht ihr? Warum wollt ihr den Mann fangen?‘“
6. Marcus: „Vocabo: ‚Vir fur est. Tum homines nobis auxilium dabunt et furem in Tiberim flumen iacebunt!‘“
   Marcus antwortet: „Ich werde rufen: ‚Der Mann ist ein Dieb.‘ Dann werden uns die Menschen helfen und den Dieb in den Tiber werfen!“

3.4 Imperfekt

››› Übung 1 Seite 31

Präsens	Übersetzung	Imperfekt	Übersetzung
fugit	er, sie, es flieht	fugiebat	er floh
trahis	du ziehst	trahebas	du zogst
videtis	ihr seht	videbatis	ihr saht
laboramus	wir arbeiten	laborabamus	wir arbeiteten
vivunt	sie leben	vivebant	sie lebten
timeo	ich fürchte	timebam	ich fürchtete
amittis	du verlierst	amittebas	du verlorst
vexant	sie quälen	vexabant	sie quälten
sentit	er fühlt	sentiebat	er fühlte

Übung 2 Seite 32

1. Pater villam rusticam possidebat.
   Mein Vater besaß ein Landhaus.
2. Vitam iucundam agebam, quamquam familia multum laborare debebat.
   Ich lebte ein angenehmes Leben, obwohl meine Familie viel arbeiten musste.
3. Tum tempestates variae agros cunctos delebant et curae magnae familiam vexabant.
   Dann zerstörten verschiedene Unwetter sämtliche Äcker und große Sorgen quälten meine Familie.
4. In miseria diu vivebamus.
   Wir lebten lange in Armut.
5. Denique omnia amisimus. Diu per terras ambulabamus et nunc in Subura Romae vivimus.
   Zuletzt haben wir alles verloren. Lange wanderten wir durch die Länder und nun leben wir in der Subura Roms.

Abschlusstest

Aufgabe 1 Seite 33

Präsens		**Futur**		**Imperfekt**	
vivimus	wir leben	vivemus	wir werden leben	vocabatis	ihr rieft
videmus	wir sehen	discedet	er, sie, es wird weichen	vendebam	ich verkaufte
timet	er, sie es fürchtet	ducetis	ihr werdet führen	defendebam	ich verteidigte
tradit	er, sie, es übergibt	putabitis	ihr werdet glauben		
agunt	sie handeln	discedam	ich werde weichen		
possides	du besitzt	laudabunt	sie werden loben		
		respondebunt	sie werden antworten		
		capies	du wirst fangen		

Aufgabe 2 Seite 33

1. Der Mann erzählt den Kindern eine Geschichte. Übersetzung: Vir liberis fabulam narrat.
2. Sie wohnten in einem Landhaus. Übersetzung: In villa rustica habitabant.
3. Ihr werdet ein großes Haus besitzen. Übersetzung: Magnam villam possidebitis.

Aufgabe 3 Seite 34

1. Liberi statuam quaerunt.
   Übersetzung: Die Kinder suchen die Statue.
   Imperfekt: Liberi statuam quaerebant.
   Futur: Liberi statuam quaerebunt.
2. Servus magna voce clamabat.
   Übersetzung: Der Sklave schrie mit lauter Stimme.
   Präsens: Servus magna voce clamat.
   Futur: Servus magna voce clamabit.
3. Furem inveniemus.
   Übersetzung: Wir werden den Dieb finden.
   Präsens: Furem invenimus.
   Imperfekt: Furem inveniebamus.
4. Num Suburam times, Marce?
   Übersetzung: Fürchtest du etwa die Subura, Marcus?
   Imperfekt: Num Suburam timebas, Marce?
   Futur: Num Suburam timebis, Marce?
5. Magnum clamorem audietis.
   Übersetzung: Ihr werdet großen Lärm hören.
   Präsens: Magnum clamorem auditis.
   Imperfekt: Magnum clamorem audiebatis.

4.1 Die Verwendung von Präpositionen

››› Übung 1 Seite 37

1. Senex in insula Suburae vivit.	Kasus: Ablativ
Der alte Mann lebt in einem Mietshaus der Subura.	Kasus: Dativ
2. Cum uxore multum laborat, sed vitam pauperem agunt.	Kasus: Ablativ
Mit seiner Frau arbeitet er viel, aber sie führen dennoch ein armes Leben.	Kasus: Dativ
3. Propter pauperitatem nihil possident.	Kasus: Akkusativ
Wegen ihrer Armut besitzen sie nichts.	Kasus: Genitiv
4. Cottidie per vias Suburae in forum eunt et aliquid cibi vendunt.	Kasus 1: Akkusativ
	Kasus 2: Akkusativ
Sie gehen täglich durch die Straßen der Subura zum Forum und	Kasus 1: Akkusativ
verkaufen etwas zu essen.	Kasus 2: Dativ

4.2 Die Präpositionalausdrücke

››› Übung Seite 38

1. Marcus et Iulia ante portam magnam stant.
   Marcus und Julia stehen vor einem großen Tor.
2. Marcus portam aperit et cum Iulia in Cloacam Maximam descendit.
   Marcus öffnet die Tür und steigt mit Julia in die Cloaca Maxima hinab.
3. Sub viis et aedificiis urbis cuncta obscura sunt.
   Unterhalb der Straßen und der Gebäude der Stadt ist alles dunkel.
4. Sine luce liberi trepidant, itaque flammam celeriter incendunt.
   Ohne Licht ängstigen sich die Kinder, deswegen zünden sie schnell die Fackel an.
5. Praeter liberos aqua cloacae maximae magno cum clamore fluit.
   An den Kindern vorbei fließt das Wasser der Cloaca Maxima mit großem Lärm.
6. Subito liberi post magnum saxum locum sine aqua conspiciunt.
   Plötzlich erblicken die Kinder hinter einem großen Felsen einen Ort ohne Wasser.
7. Ibi nonnullos homines vident. Ecce! Inter eos homines etiam fur statuae est.
   Dort sehen sie einige Menschen. Da! Zwischen diesen Menschen befindet sich auch der Dieb der Statue.
8. Liberi appropinquant, sed fur cum sociis ascendit et in tenebras discedit.
   Die Kinder kommen näher, aber der Dieb steht mit seinen Kumpanen auf und verschwindet in der Dunkelheit.

Abschlusstest

Aufgabe 1 Seite 39

	präpositionaler Ausdruck	Übersetzung
sub (murus) (2)	sub murum	unter die Mauer *(wohin?)*
	sub muro	unter der Mauer *(wo?)*
post (villa)	post villam	hinter dem Haus
e (fenestra)	e fenestra	aus dem Fenster
pro (vir)	pro viro	für den Mann
cum (amicus)	cum amico	mit dem Freund
sine (gaudium)	sine gaudio	ohne Freude
in (templa) (2)	in templa	in die Tempel *(wohin?)*
	in templis	in den Tempeln *(wo?)*
prope (basilica)	prope basilicam	in der Nähe der Markthalle
de (senatores)	de senatoribus	über die Senatoren
ante (curia)	ante curiam	vor dem Ratshaus
a (mulier)	a muliere	von der Frau

Aufgabe 2 Seite 39

1. Ad meridiem timidi liberi per tenebras cloacae maximae properant.
   Gegen Mittag eilen die ängstlichen Kinder durch die Dunkelheit der Cloaca Maxima.
2. Subito post saxum voces hominum audiunt.
   Plötzlich hören sie hinter einem Felsen Stimmen von Menschen.
3. Inter homines profecto fur cum sociis sedet et de statua narrat.
   Unter den Menschen sitzt tatsächlich der Dieb mit seinen Kumpanen und erzählt von der Statue.
4. Liberi trepidant et, quia homines apud viros periculosos sunt, nihil contra furem et amicos agere possunt.
   Die Kinder ängstigen sich und können nichts gegen den Dieb und seine Kumpane unternehmen, weil Menschen bei den gefährlichen Männern sind.
5. Subito fur et amici ab eo loco discedunt et ad exitum properant.
   Plötzlich verlassen der Dieb und seine Kumpane diesen Ort und eilen zum Ausgang.

Aufgabe 3 Seite 40

1. Ad meridiem timidi liberi per tenebras cloacae maximae properant.
2. Subito post saxum voces hominum audiunt.
3. Inter homines profecto fur cum sociis sedet et de statua narrat.
4. Liberi trepidant et, quia homines apud viros periculosos sunt, nihil contra furem et amicos agere possunt.
5. Subito fur et amici ab eo loco discedunt et ad exitum properant.

	Präpositionalausdruck	Bestimmung der Angabe
1.	ad meridiem	Zeitangabe
	per tenebras	Ortsangabe
2.	post saxum	Ortsangabe
3.	inter homines	Ortsangabe
	cum sociis	Angabe weiterer Umstände
	de statua	Angabe weiterer Umstände
4.	apud viros periculosos	Ortsangabe
	contra furem et amicos	Angabe weiterer Umstände
5.	ab eo loco	Ortsangabe
	ad exitum	Ortsangabe

5.1 Das Pronomen *is, ea, id*

››› Übung 1 Seite 43

1. **is vir:** ii (ei) viri → eis (iis) viris → eos viros → eum virum → eius viri → eo viro → iis (eis) viris
2. **ea flamma:** eae flammae → eis (iis) flammis → ei flammae → eius flammae → earum flammarum → eas flammas → eam flammam
3. **id donum:** eo dono → iis (eis) donis → eis (iis) donis → ei dono → id donum → ea dona → ea dona
4. **is orator:** ei oratori → eius oratoris → eorum oratorum → eos oratores → eum oratorem → eo oratore → iis (eis) oratoribus
5. **ea mulier:** eam mulierem → eas mulieres → eis (iis) mulieribus → ei mulieri → ea muliere → eius mulieris → earum mulierum

››› Übung 2 Seite 43

diesem Jungen	ei puero
dieses Volkes	eius populi
diesem Sieg	ei victoriae
diese Senatoren	eos senatores
dieser Gefahren	eorum periculorum
diesen Menschen	eum hominem
mit diesem Glück	cum ea fortuna
mit diesem Gladiator	cum eo gladiatore
diesen Pferden	eis equis
diesen Mädchen	eis puellis
diese Götter	ei dei *oder* eos deos

››› Übung 3 Seite 44

1. Fur cum sociis per vias cloacae maximae properat et liberi eos sequi temptant.
   Pronomen: *Personalpronomen*
   Übersetzung: Der Dieb eilt mit seinen Kumpanen durch die Wege der Cloaca Maxima und die Kinder versuchen, ihnen zu folgen.
2. In iis viis multa miraculosa vident.
   Pronomen: *Demonstrativpronomen*
   Übersetzung: Auf diesen Wegen sehen sie viele merkwürdige Dinge.
3. Ecce piscis! Is piscis eis valde placet.
   Pronomen: *Demonstrativpronomen/Personalpronomen*
   Übersetzung: Da, ein Fisch! Dieser Fisch gefällt ihnen sehr.
4. Liberi eum diu observant et furem non iam in animo habent.
   Pronomen: *Personalpronomen*
   Übersetzung: Die Kinder beobachten ihn lange und denken nicht mehr an den Dieb.
5. Subito vir appropinquat et liberos terret, quia is vir male olet et tunica eius hominis sordida est.
   Pronomen: *Demonstrativpronomen/Demonstrativpronomen*
   Übersetzung: Plötzlich nähert sich ein Mann und erschreckt die Kinder, weil dieser Mann schlecht riecht und die Tunika dieses Menschen schmutzig ist.
6. Sed vir ridet et eos rogat: „Cur in Cloaca Maxima estis? Is locus periculosus est."
   Pronomen: *Personalpronomen/Demonstrativpronomen*
   Übersetzung: Aber der Mann lacht und fragt sie: „Warum seid ihr in der Cloaca Maxima? Dieser Ort ist gefährlich."
7. Liberi: „Furem quaerimus, sed eum non iam videmus. Adiuva nos!"
   Pronomen: *Personalpronomen*
   Übersetzung: Die Kinder antworten: „Wir suchen einen Dieb, aber wir sehen ihn nicht mehr. Hilf uns!"

5.2 Relativpronomen: Formen und Verwendung

››› Übung 1 Seite 46

1. Romani deos in templis colunt. Arae templorum semper ornatae sunt.
   Romani deos in templis, **quorum** arae ornata sunt, colunt.
   Die Römer verehren die Götter in Tempeln. Die Altäre der Tempel sind immer geschmückt.
   Die Römer verehren die Götter in Tempeln, deren Altäre immer geschmückt sind.
2. Sacerdotes Vestae deae ignem in templo curant. Sacerdotes semper feminae sunt.
   Sacerdotes Vestae deae, **quae** semper feminae sunt, ignem in templo curant
   Die Priesterinnen der Göttin Vesta kümmern sich um das Feuer im Tempel. Die Priesterinnen sind immer Frauen.
   Die Priesterinnen der Göttin Vesta, die immer Frauen sind, kümmern sich um das Feuer im Tempel.
3. Mercurius deus mercatorum est. Eum deum etiam fures colunt.
   Mercurius deus mercatorum est, **quem** etiam fures colunt.
   Merkur ist der Gott der Kaufleute. Diesen Gott verehren auch die Diebe.
   Merkur ist der Gott der Kaufleute, den auch die Diebe verehren.
4. Venus dea pulchra est. Maritus Veneris deus foedus Vulcanus est.
   Venus dea pulchra est, **cuius** maritus deus foedus Vulcanus est.
   Venus ist eine schöne Göttin. Der Ehemann der Venus ist der hässliche Gott Vulkanus.
   Venus, deren Ehemann der hässliche Gott Vulkanus ist, ist eine schöne Göttin.
5. Mars deus belli est. Eum deum omnes homines timent.
   Mars deus belli est, **quem** omnes homines timent.
   Mars ist der Gott des Krieges. Diesen Gott fürchten alle Menschen.
   Mars ist der Gott des Krieges, den alle Menschen fürchten.

››› Übung 2 Seite 46

1. Homo obscurus liberis viam monstrat, qua ad exitum cloacae maximae perveniunt.
   Der seltsame Mann zeigt den Kindern den Weg, durch den sie zum Ausgang der Cloaca Maxima gelangen.
2. Vir, cuius tunica sordida est, liberos per vias cloacae maximae ducit.
   Der Mann, dessen Tunika schmutzig ist, führt die Kinder durch die Wege der Cloaca Maxima.
3. Tandem parvam portam inveniunt, e qua ad lucem exire possunt.
   Endlich finden sie eine kleine Türe, aus der sie ans Tageslicht gehen können.
4. Homo obscurus liberos relinquit et ad socios redit, quibuscum in tenebris vivit.
   Der seltsame Mann verlässt die Kinder und kehrt zu seinen Gefährten zurück, mit denen er in der Dunkelheit lebt.
5. Liberi portam, quae ad forum ducit, aperiunt et forum intrant.
   Die Kinder öffnen die Türe, die zum Forum führt, und betreten das Forum.

Abschlusstest

››› Aufgabe 1 Seite 47

eas deas
ei homini
eis/iis senatoribus
ei foro
eo foro
id periculum

eius patris
eius puellae
ei puellae
eae puellae
eum timorem
earum urbium

Aufgabe 2 Seite 47

eae servae	diese Sklavinnen
eis servis (4)	diesen Sklavinnen (Dativ)
	diesen Sklaven (Dativ)
	mit diesen Sklavinnen (Ablativ)
	mit diesen Sklaven (Ablativ)
ei servae	dieser Sklavin
eos servos	diese Sklaven
eorum servorum	dieser Sklaven
eius aedificii	dieses Gebäudes
cum eo servo	mit diesem Sklaven
eius servae	dieser Sklavin
ea aedificia	diese Gebäude

Aufgabe 3 Seite 48

1. Liberi, qui per cloacam maximam errant, virum conveniunt, qui eo loco vivit.
   Relativpronomen, Relativpronomen, Demonstrativpronomen
2. Eum rogant: „Ubi est via, qua lucem petere possumus? Adiuva nos!"
   Personalpronomen, Relativpronomen
3. Eam ignoramus.
   Personalpronomen
4. Timemus cloacam hominesque, qui nos terrent!
   Relativpronomen
5. Pater noster, qui in Esquilino monte vivit, tibi magnum praemium dabit.
   Relativpronomen
6. Duc nos ex ea regione periculosa!"
   Demonstrativpronomen
7. Tum vir eis viam ad portam parvam demonstrat.
   Personalpronomen
8. Liberi portam, quae ad forum Romanum ducit, aperiunt et forum intrant.
   Relativpronomen

Aufgabe 4 Seite 48

1. Die Kinder, die durch die Cloaca Maxima irren, treffen einen Mann, der an diesem Ort lebt.
2. Sie fragen ihn: „Wo ist der Weg, auf dem wir ans Tageslicht gelangen können? Hilf uns!
3. Wir kennen ihn nicht.
4. Wir haben Angst vor der Cloaca und den Menschen, die uns erschrecken!
5. Unser Vater, der auf dem Esquilin lebt, wird dir eine große Belohnung geben.
6. Führ uns aus dieser gefährlichen Gegend!"
7. Daraufhin zeigt der ihnen den Weg zu einer kleinen Tür.
8. Die Kinder öffnen die Türe, die zum Forum führt, und betreten das Forum.

6.1 Prädikat und Subjekt

››› Übung Seite 50

Homines ad forum properant.	Die Menschen eilen zum Forum.
Vir cloacam maximam timet.	Der Mann hat Angst vor der Cloaca Maxima.
Liberi furem inveniunt.	Die Kinder finden den Dieb.
Mulier vocem audit.	Die Frau hört eine Stimme.
Senatores rident.	Die Senatoren lachen.
Servae aquam vident.	Sklavinnen sehen das Wasser.
Amici ascendunt.	Die Freunde steigen hinauf.
Servus gaudet.	Der Sklave freut sich.
Pater advolat.	Der Vater eilt herbei.

Auch andere Lösungen sind möglich.

6.2 Das Objekt

››› Übung 1 Seite 51

1. Dominus statuam desiderat.
2. Fur liberos non videt.
3. Marcus mercatores audit.
4. Iulia fratrem incitat.
5. Servi furem et socios accusant.

››› Übung 1 Seite 51

senatores	senatorem
asinum	asinos
templa	templum
servos	servum
puellam	puellas
dominum	dominos
sacerdotem	sacerdotes
feminas	feminam
oratorem	oratores

››› Übung 3 Seite 52

Iuliae – mulieri – viro – liberis – servo – servis – clientibus – patri – deae – Marco – amicis – amicae – uxori

››› Übung 4 Seite 52

1. Liberi oculos claudunt, nam lux dolet.
2. Tum vident et audiunt: In via lata servus asinum trahit et verberat.
3. Asinus servo non paret, sed eum in contrariam partem trahit.
4. Multi homines servo et asino appropinquant. Ea pugna spectatoribus placet.
5. Alii asinum, alii servum incitant.
6. Et alii servi veniunt, servo misero consilia multa dant:
7. Nonnulli viri dicunt: „Duc asinum in viam parvam!
8. Da ei bestiae cibum, quod certe fames eam vexat!“

1. Die Kinder schließen die Augen, denn das (Tages-)Licht tut (ihnen) weh.
2. Dann sehen und hören sie: In einer breiten Straße zieht ein Sklave einen Esel und schlägt ihn.
3. Der Esel gehorcht dem Sklaven nicht, sondern er zieht ihn in die entgegengesetzte Richtung.
4. Viele Menschen nähern sich dem Sklaven und dem Esel. Dieser Kampf gefällt den Zuschauern.
5. Die einen treiben den Esel, die anderen den Sklaven an.
6. Auch andere Sklaven kommen, sie geben dem armen Sklaven viele Ratschläge.
7. Einige Männer sagen. „Führe den Esel in eine kleine Straße!
8. Gib diesem Tier Futter, weil es der Hunger quält!“

6.3 Die adverbiale Bestimmung

››› Übung 1 Seite 54

Zeit	Ort	Art und Weise
mane	per forum	cum gaudio
diu	prope aedificium	libenter
multas horas	in cloacam maximam	statuis
ante cenam	in via lata	valde
saepe	sub saxum	cum fure

››› Übung 2 Seite 55

Vir 1: Hodie virum periculosum vidi!
Vir 2: Numquam eum eo loco vidi.
Vir 3: Cum amicis periculosis per forum properavit!
Vir 1: Prope templum Mercurii discessit!
Vir 2: Certe ei viri fures sunt!
Vir 3: Fures in Cloaca Maxima vivunt!
Vir 2: Fur statuam pretiosam apportavit!
Vir 3: Fortasse statuam e villa domini rapuit!
Vir 2: Nunc familia patroni statuam desiderat!

		Präpositionaler Ausdruck	
Adverb	**Ablativ**	**mit Akkusativ**	**mit Ablativ**
hodie	eo loco	per forum	cum amicis periculosis
numquam		prope templum Mercurii	in cloaca maxima
certe			e villa domini
fortasse			
nunc			

››› Übung 3 Seite 55

Mann 1: Heute habe ich einen gefährlichen Mann gesehen!
Mann 2: Ich habe ihn niemals (zuvor) an diesem Ort gesehen!
Mann 3: Mit seinen gefährlichen Freunden ist er über das Forum geeilt!
Mann 1: Beim Merkurtempel ist er verschwunden!
Mann 2: Bestimmt sind sie Diebe!
Mann 3: Diebe leben in der Cloaca Maxima!
Mann 2: Der Dieb hat eine kostbare Statue herbeigebracht!
Mann 3: Vielleicht hat er die Statue aus dem Haus seines Herrn gestohlen!
Mann 2: Nun vermisst die Familie des Patrons die Statue!

6.4 Das Attribut

››› Übung 1 Seite 57

1. Prope templum antiquum simulacrum praeclarum stat.
2. Canis parvus simulacro pulchro appropinquat.
3. Liberi fatigati cani cibos bonos dare cupiunt.
4. Verbis iucundis canem timidum vocant.
5. Tandem canis cum magno timore accedit.
6. Subito canes feri adcurrunt et canem miserum fugant.

››› Übung 2 Seite 57

1. Beim alten Tempel steht ein wunderbares Götterbild.
2. Ein kleiner Hund nähert sich dem schönen Götterbild.
3. Die müden Kinder wollen dem Hund gute Speisen geben.
4. Mit liebenswürdigen Worten rufen sie den ängstlichen Hund.
5. Endlich kommt der Hund mit großer Angst heran.
6. Plötzlich laufen wilde Hunde herbei und schlagen den armen Hund in die Flucht.

››› Übung 3 Seite 57

Genitivattribut	**Übersetzung**
timor Marci	die Angst von Marcus, die Angst vor Marcus
nomen furis	der Name des Diebs
filii senatorum	die Söhne der Senatoren
vita liberorum	das Leben der Kinder
statua patris	die Statue des Vaters
consilia matris	die Pläne der Mutter
templa deae	die Tempel der Göttin
praemium domini	die Belohnung des Herrn
monumenta urbis	die Bauwerke der Stadt
villa consulis	die Villa des Konsuls

››› Übung 4 Seite 58

1. Liberi per forum amplum properant.
   Bestimmung: Adjektivattribut
   Übersetzung: Die Kinder eilen über das weite Forum.
2. Sed furem periculosum invenire non possunt.
   Bestimmung: Adjektivattribut
   Übersetzung: Aber sie können den gefährlichen Dieb nicht finden.
3. Fames magna eos vexat.
   Bestimmung: Adjektivattribut
   Übersetzung: Großer Hunger quält sie.
4. Tum vocem mercatoris audiunt:
   Bestimmung: Genitivattribut
   Übersetzung: Da hören sie die Stimme eines Händlers:
5. „Hic olivas optimas emere potestis! Venite!
   Bestimmung: Adjektivattribut
   Übersetzung: „Hier könnt ihr die besten Oliven kaufen! Kommt!
6. Ego mercator optimus urbis sum!
   Bestimmung: Adjektivattribut, Genitivattribut
   Übersetzung: Ich bin der beste Händler der Stadt!
7. Cibis alienarum terrarum cunctos Romanos delectabo!“
   Bestimmung: alienarum terrarum: Genitivattribut; alienarum: Adjektivattribut, cunctos: Adjektivattribut
   Übersetzung: Mit den Speisen fremder Länder werde ich alle Römer erfreuen!“
8. Liberi ad mercatorem properant et rogant: „Da nobis cibos bonos!“
   Bestimmung: Adjektivattribut
   Übersetzung: Die Kinder laufen zum Händler und bitten: „Gib uns gutes Essen!“
9. Mercator eis cibos vendit et tandem fames liberorum satiata est.
   Bestimmung: Genitivattribut
   Übersetzung: Der Händler verkauft ihnen Speisen und endlich ist der Hunger der Kinder gestillt.

6.5 Das Prädikatsnomen

››› Übung 1 Seite 59

1. Liberi fatigati sunt. — Die Kinder sind müde.
2. Marcus dicit: „Nos non laeti sumus." — Marcus sagt: „Wir sind nicht fröhlich."
3. Mercator interrogat: „Num timidi estis?" — Der Händler fragt: „Seid ihr etwa ängstlich?"
4. Templum aedificium parvum est. — Der Tempel ist ein kleines Gebäude.
5. Amici furis homines improbi sunt. — Die Freunde des Diebes sind keine anständigen Menschen.
6. Pater liberorum patronus est. — Der Vater der Kinder ist ein Patronus.
7. Iulia vocat: „Ego misera sum!" — Julia ruft: „Ich bin unglücklich!"

››› Übung 2 Seite 60

1. Ego Romanus sum! — Ich bin ein Römer!
2. In villa rustica habito! — Ich wohne in einem Landhaus!
3. Vos laeti non eritis, nisi cibos meos emetis! — Ihr werdet nicht froh sein, wenn ihr meine Waren nicht kauft!
4. Ego sum optimus! — Ich bin der Beste!
5. Merces meae optimae sunt! — Meine Waren sind die besten!
6. Roma urbs periculosa est! — Rom ist eine gefährliche Stadt!
7. In vicis homines libenter vivunt, nam ibi pericula minima sunt! — In den Dörfern leben die Menschen gern, denn dort sind die Gefahren am kleinsten/sehr klein.
8. Cuncti beati sunt! — Alle sind glücklich!
9. Itaque olivae meae bonae sunt, itaque frumentum meum optimum est, itaque cuncti Romani merces meas emunt! — Deshalb sind (auch) meine Oliven gut, deshalb ist mein Getreide am besten, deshalb kaufen alle Römer meine Waren!

››› Übung 3 Seite 60

Besitzer im Dativ	Besitz	Übersetzung
Patri	bonae servae sunt.	Der Vater besitzt anständige Sklaven.
Patrono	varii dei sunt.	Der Patron hat eine kostbare Statue.
Senatoribus	statua pretiosa est.	Die Senatoren haben viele Freunde.
Romanis	servi probi sunt.	Die Römer hatten verschiedene Götter.
Dominae	multi amici sunt.	Die Herrin hat gute Sklavinnen.

››› Übung 4 Seite 60

Fur amicos periculosos habet. — Furi amici periculosi sunt. Der Dieb hat gefährliche Freunde.

Senator villam magnam possidet. — Senatori villa magna est. Der Senator besitzt eine große Villa.

Iulia servas bonas possidet. — Iuliae servae bonae sunt. Julia hat gute Sklavinnen.

Multi homines nihil possident. — Multis hominibus nihil est. Viele Menschen besitzen nichts.

Orator spectatores attentos habet. — Oratori spectatores attenti sunt. Der Redner hat aufmerksame Zuschauer.

Abschlusstest

Aufgabe 1 Seite 61

1. In foro Romano liberi multa aedificia magna vident.
2. Per vias urbis homines properant.
3. Magna cum voce mercatores merces varias laudant.
4. Servi dominis vias angustas aperiunt.
5. Canes inter aedificia praeclara currunt et cibos hominum investigunt.
6. Cuncti properant, clamant, vocant.
7. Multi homines miseri sunt, nam fames eos vexat.
8. Pecuniam non possident, itaque cibos et lectum desiderant.
   (Hast du bemerkt, dass das Subjekt hier in der Personalendung steckt? Vgl. S. 50! Gemeint sind *multi homines* aus Satz 7, die hier in den Verben *possident* und *desiderant* drinstecken.)

Aufgabe 2 Seite 61

1. Auf dem Forum Romanum sehen die Kinder viele große Gebäude.
2. Menschen eilen durch die Straßen der Stadt.
3. Mit lauter Stimme preisen Händler verschiedene Waren an.
4. Sklaven öffnen ihren Herren die engen Straßen (bahnen ihren Herren den Weg durch enge Straßen).
5. Hunde laufen zwischen herrlichen Gebäuden herum und suchen Essen der Menschen.
6. Alle laufen, schreien, rufen.
7. Viele Menschen sind unglücklich, weil Hunger sie quält.
8. Sie besitzen kein Geld, deshalb wünschen sie sich Essen und ein Bett.

Aufgabe 3 Seite 62

1. Woraus kann eine adverbiale Bestimmung bestehen? Ausdruck im Ablativ, präpositionaler Ausdruck im Akkusativ oder Ablativ, Ausdruck im Akkusativ, Ausdruck im Dativ, Adverb
2. Was ist ein Prädikatsnomen? Ergänzung zum Hilfsverb *esse*: Substantiv, Adjektiv, Substantiv + Adjektiv
3. Wie fragt man nach dem Dativobjekt? Wem?
4. Erkläre die besonderen Eigenschaften des Attributs. Es gehört immer zu einem anderen Satzglied dazu und kann nie allein stehen. Als Adjektiv richtet es sich in KNG nach dem Bezugswort.

Aufgabe 4 Seite 62

1. Mercatori merces bonae sunt.
2. Amicis furis statua deae non est.
3. Dominae catenae pulchrae sunt.
4. Liberis pater bonus est.

7.1 Der A.c.I. als satzwertige Konstruktion

⟫ Übung 1 Seite 65

1. Liberi furem statuam habere sciunt. Die Kinder wissen, dass der Dieb die Statue hat.
2. Fur liberos per forum currere videt. Der Dieb sieht, dass die Kinder über das Forum laufen.
3. Amici furis liberos appropinquare vident. Die Freunde des Diebes sehen, dass die Kinder näher kommen.
4. Servi dominum statuam desiderare sciunt. Die Sklaven wissen, dass der Herr die Statue vermisst.
5. Senex homines in cloaca maxima vivere narrat. Der alte Mann erzählt, dass in der Cloaca Maxima Menschen leben.

⟫ Übung 2 Seite 65

Liberi vident:	**Liberi ... vident.**
Homines currunt.	Liberi homines currere vident.
Servi cibos emunt.	Liberi servos cibos emere vident.
Asinus carrum trahit.	Liberi asinum carrum trahere vident.
Dominus servum verberat.	Liberi dominum servum verberare vident.
Orator venit.	Liberi oratorem venire vident.
Servae cibos portant.	Liberi servas cibos portare vident.

⟫ Übung 3 Seite 65

1. Liberi per forum properant et (mercatores magna voce cibos laudare) audiunt.
2. Marcus (oratorem hominem miserum accusare) audit.
3. Iulia (servas dominam ad templum Iunonis ducere) videt.
4. Liberi (senatores cum amicis in basilica disputare) audiunt.

1. Die Kinder eilen über das Forum und hören, dass Händler ihre Waren mit lauter Stimme anpreisen.
2. Marcus hört, dass ein Redner einen armen Menschen anklagt.
3. Julia sieht, dass Sklavinnen ihre Herrin zum Tempel der Iuno führen.
4. Die Kinder hören, dass Senatoren in der Basilika mit ihren Freunden diskutieren.

7.2 Das Pronomen im A.c.I.

⟫ Übung 1 Seite 67

1. Hospites dominum sibi statuam demonstrare cupiunt.
   Die Gäste wünschen, dass der Herr ihnen die Statue zeigt.
2. Dominus se laetum non esse dicit.
   Der Herr sagt, dass er nicht froh ist.
3. Hospites eum (Bezugswort: dominus in 2.) statuam desiderare sentiunt.
   Die Gäste merken, dass er die Statue vermisst.
4. Dominus eam (Bezugswort: statua in 3.) auream et pretiosam esse narrat.
   Der Herr erzählt, dass sie aus Gold und kostbar ist.
5. Dominus sibi statuam valde placere dicit.
   Der Herr sagt, dass ihm die Statue sehr gefällt.
6. Hospites se statuam mox invenire posse putant.
   Die Gäste glauben, dass sie die Statue bald finden können.

››› Übung 2 Seite 67

1. Liberi asinum spectant. Vident eum servo non parere.
2. Liberi oratorem observant. Orator se multos spectatores habere intellegit.
3. Liberi multos homines vident. Liberi eos oratori plaudere audiunt.
4. Marcus per forum properat. Intellegit se furem non iam videre.
5. Iulia Marcum non iam videt. Putat eum in templo esse.
6. Iulia se Marcum quaerere debere intellegit.

››› Übung 3 Seite 67

1. Die Kinder sehen einen Esel. Sie sehen, dass er dem Sklaven nicht gehorcht.
2. Die Kinder beobachten einen Redner. Der Redner erkennt, dass er viele Zuschauer hat.
3. Die Kinder sehen viele Menschen. Die Kinder hören, dass sie dem Redner Beifall klatschen.
4. Marcus läuft über das Forum. Er bemerkt, dass er den Dieb nicht mehr sieht.
5. Julia sieht Marcus nicht mehr. Sie glaubt, dass er im Tempel ist.
6. Julia erkennt, dass sie Marcus suchen muss.

7.3 Der A.c.I. als Objekt oder Subjekt

››› Übung 1 Seite 68

Mund:	clamare, explicare, laudare, respondere, narrare, dicere, legere
Augen:	conspicere, videre (auch: legere)
Ohren:	audire
Stirn:	accipere, putare, sentire, scire, intellegere
Hinterkopf:	cupere, dolere, laetus esse

››› Übung 2 Seite 68

1. Marcus multos homines per forum ambulare observat, sed sororem non iam videt.
2. Iulia fratrem abesse intellegit.
3. Iulia se eum invenire debere scit.
4. Cogitat: „Periculosum est Marcum furem sine sorore investigare."
5. Subito Marcus Iuliam prope rostram stare existimat.
6. „Non iucundum est Iuliam non hic esse."
7. Tum Marcus Iuliam magna voce nomen fratris clamare audit.
7. Tandem liberi conveniunt, sed furem non iam adesse sentiunt.

››› Übung 3 Seite 68

1. Marcus beobachtet, dass viele Menschen über das Forum spazieren, aber seine Schwester sieht er nicht mehr.
2. Julia bemerkt, dass ihr Bruder weg ist.
3. Julia weiß, dass sie ihn finden muss.
4. Sie denkt: „Es ist gefährlich, dass Marcus den Dieb ohne seine Schwester sucht."
5. Plötzlich bemerkt Marcus, dass Julia bei der Rednertribüne steht.
6. „Es ist nicht angenehm, dass Julia nicht hier ist!"
7. Dann hört Marcus, dass Julia mit lauter Stimme den Namen ihres Bruders ruft.
8. Endlich kommen die Kinder (wieder) zusammen, aber sie bemerken, dass der Dieb nicht mehr da ist.

Abschlusstest

))) Aufgabe 1 Seite 69

1. Liberi servum per viam angustam fugere vident.
2. Senator amicos oratorem laudare audit.
3. Marcus Iuliam deesse intellegit.
4. Iulia Marcum furem investigare non ignorat.
5. Liberi homines miseros aedificium magnum vident.

))) Aufgabe 2 Seite 69

1. Liberi asinum medio in foro stare vident.
   Übersetzung: Die Kinder sehen, dass ein Esel mitten auf dem Forum steht.
   Umformung: Asinus medio in foro stat.
2. Marcus multos homines oratorem audire spectat.
   Übersetzung: Marcus sieht, dass viele Menschen dem Redner zuhören.
   Umformung: Multi homines oratorem audiunt.
3. Iulia dominam per forum properare videt.
   Übersetzung: Julia sieht, dass eine Herrin über das Forum eilt.
   Umformung: Domina per forum properat.
4. Liberi pueros ludere spectant.
   Übersetzung: Die Kinder schauen zu, wie Jungen spielen.
   Umformung: Pueri ludunt.
5. Marcus virum magna voce clamare audit.
   Übersetzung: Marcus hört, dass ein Mann mit lauter Stimme ruft.
   Umformung: Vir magna voce clamat.

))) Aufgabe 3 Seite 70

1. Julia und Marcus glauben, dass sie in einer engen Straße den Dieb finden.
2. Es ist gefährlich, dass Marcus und Julia das Forum verlassen, weil ihnen niemand helfen kann.
3. Plötzlich ruft Julia: „Siehst du diesen Mann? Ich glaube, dass er der Dieb ist!"
4. Marcus antwortet: „Ich sehe, dass der Mann zur Basilica Aemilia eilt!
5. Jetzt sehe ich, dass der Dieb und seine Freunde sich bei der Basilica Aemilia mit einem fremden Mann treffen!"

8.1 *esse*

Übung 1 Seite 73

1. Fur: „Ea statua pretiosa est. Antea in villa domini erat. Laetus eris, si eam possidebis!"
   Dieb: „Diese Statue ist kostbar. Sie war/befand sich vorher in derr Villa eines Herrn. Du wirst froh sein, wenn du sie besitzst!"
2. Vir: „Vos stulti estis! Statua rapta est. Familia certe irata est, quia statuam non iam habet."
   Mann: „Ihr seid dumm! Die Statue ist gestohlen. Die Familie ist sicher wütend, weil sie die Staue nicht mehr hat."
3. Fur: „Tu stultus es! Statua simulacrum deae Vestae est. Semper dea te adiuvabit!"
   Dieb: „Du bist dumm! Die Statue ist ein Bildnis der Göttin Vesta. Die Göttin wird dir immer helfen!"
4. Vir: „Ego timidus sum! Statuam non emo!"
   Mann: „Ich bin ängstlich! Ich kaufe die Statue nicht!"

Übung 2 Seite 73

esse: es → eras → eratis → erant → erunt → erit → est → sum → ero → eram → eramus → sumus

8.2 *posse*

Übung 1 Seite 75

posse: possum → potero → poterimus → poteramus → poterant → possunt → potest → potes → poteris → poteritis → potestis

Übung 2 Seite 75

1. Iulia rogat: „Quid nos facere possumus? Quis nos adiuvare potest?"
2. Marcus: „Quamquam senatores ad curiam currunt, nos adiuvare non poterunt, quia eis negotia multa sunt."
3. Iulia: „In basilica mercatores sunt! Fortasse ei nos adiuvare possunt."
4. Marcus: „Sed ibi multi alii homines sunt: Matronae vestimenta emunt; domini cum amicis ambulant et disputant: Nemo fures videre potest!"
5. Iulia: „Nos autem furem sociosque videre possumus, sed adhuc furem capere non poteramus."
6. Marcus: „Itaque auxilium petere debemus! Fortasse ego praetorem invenire potero, dum tu furem semper observas."

1. Julia fragt: „Was können wir tun? Wer kann uns helfen?"
2. Marcus: „Obwohl die Senatoren zur Kurie eilen, werden sie uns nicht helfen können, weil sie viele Geschäfte haben (weil sie viel zu tun haben)."
3. Julia: „In der Basilika sind Händler! Vielleicht können sie uns helfen!"
4. Marcus: „Aber dort sind (auch) viele andere Menschen: Frauen kaufen Kleider, Herren spazieren mit ihren Freunden herum und diskutieren: Niemand kann Diebe sehen!"
5. Julia: „Wir jedoch können den Dieb und seine Freunde sehen, aber wir konnten den Dieb bisher nicht fangen."
6. Marcus: „Deshalb müssen wir um Hilfe bitten! Vielleicht werde ich den Prätor finden können, solange du den Dieb im Auge behältst."

8.3 *velle, nolle, malle*

Übung 1 Seite 77

cupis	vis	cupiebam	volebam
non cupiebant	nolebant	cupiunt	volunt
cupiet	volet	cupio	volo
cupitis	vultis	non cupiunt	nolunt
non cupimus	nolumus	cupiam	volam

Übung 2 Seite 78

1. Fur: „Ego pecuniam multam accipere volo. Itaque statuam nunc vendere malo."
2. Amici: „Nos statuam vendere nolumus!"
3. Fur: „Cur vos statuam vendere non vultis?"
4. Amici: „Fessi sumus! Dormire quam statuam vendere malumus!"
5. Fur: „Tacete! Ego statuam vendere malo quam verba stulta audire!"

Übung 3 Seite 78

1. Dieb: „Ich will viel Geld bekommen. Deshalb will ich die Staue lieber verkaufen!"
2. Freunde: „Wir wollen die Statue nicht verkaufen!"
3. Dieb: „Warum wollt ihr die Statue nicht verkaufen?"
4. Freunde: „Wir sind müde! Wir wollen lieber schlafen, als die Statue zu verkaufen!"
5. Dieb: „Seid ruhig! Ich will lieber die Statue verkaufen, als mir dumme Worte anzuhören!"

Abschlusstest

Aufgabe 1 Seite 79

velle	posse	esse
volo	possum	sum
volebamus	poteramus	eramus
volunt	possunt	sunt
volent	poterunt	erunt
vult	potest	est
voletis	poteritis	eritis
vis	potes	es
volebam	poteram	eram
volumus	possumus	sumus
volebas	poteras	eras

Aufgabe 2 Seite 79

velle	nolle	malle
vult	non vult	mavult
volebant	nolebant	malebant
vis	non vis	mavis
volebam	nolebam	malebam
volumus	nolumus	malumus
vultis	non vultis	mavultis

Aufgabe 3 Seite 80

1. Die Statue war schon lange in der Villa.
2. Viele Stunden lang konnte der Patron die Statue nicht finden.
3. Die Sklaven fragten oft: „Wie können wir dir helfen?"
4. Nun sagen die Kinder: „Sicher hat der Dieb die Statue an sich genommen und will sie nachher verkaufen!
5. Wir wollen lieber den Dieb fangen als in der Villa zu bleiben und traurig zu sein!"
6. Eine Sklavin aber bittet: „Kinder, was tut ihr? Wollt ihr den Eltern Sorgen bereiten? Bleibt zu Hause!"
7. Aber die Kinder wollen nicht hören und verlassen schnell die Villa.

9.1 Adverbiale Gliedsätze

Übung 1 Seite 83

1. Liberi basilicae appropinquabant,	si viris appropinquabimus.“	konditional
2. Fur viro statuam monstrabat,	quamquam prope eum stabant.	konzessiv
3. Liberi deliberabant: „Nos furem capiemus,	quia ei vendere cupiebat.	kausal
4. Liberi verba viri non audiebant,	priusquam statuam vendere potest.“	temporal
5. Marcus deliberabat: „Certe verba furis audiemus,	dum fur cum viro disputat.	temporal

Übung 2 Seite 83

1. Die Kinder näherten sich der Basilika, während der Dieb mit dem Mann diskutierte.
2. Der Dieb zeigte dem Mann die Statue, weil er sie ihm verkaufen wollte.
3. Die Kinder überlegten: „Wir werden den Dieb fangen, bevor er die Statue verkaufen kann.“
4. Die Kinder hörten die Worte des Mannes nicht, obwohl sie nahe bei ihm standen.
5. Marcus überlegte: „Bestimmt werden wir die Worte des Diebes hören, wenn wir uns den Männern nähern.“

Übung 3 Seite 83

1. Vir: „Dum tu statuam auream rapis, ego te investigabam.“
   „Während du die goldene Statue gestohlen hast, suchte ich dich.“
2. Fur: „Frustra me investigabas, quia per totam urbem errabam.“
   „Du suchtest mich vergeblich, weil ich durch die ganze Stadt irrte.“
3. Vir: „Ubi ad forum venisti, te invenire potui.“
   „Sobald du zum Forum gekommen bist, konnte ich dich finden.“
4. Fur: „Noli verba multa facere! Si statua tibi placet, eam mox possidere poteris.“
   „Hör auf, so viel zu reden! Wenn dir die Statue gefällt, wirst du sie bald besitzen können.“
5. Fur: „Fortasse praetor per forum ambulat, dum nos disputamus!“
   „Vielleicht geht der Prätor über das Forum spazieren, während wir diskutieren!“
6. Vir: „Da mihi statim statuam, priusquam praetor nos invenit.“
   „Gib mir die Statue, bevor der Prätor uns findet.“
7. Fur: „Primum mihi pecuniam da, si cito discedere cupis!“
   „Gib mir zuerst das Geld, wenn du schnell weggehen willst!“

9.2 Relativsätze

››› Übung 1 Seite 84

1. Praetor, qui per forum ambulat, viris appropinquat.
2. Fur virum, cui statuam vendere cupit, vituperat:
3. „Stultus es! Is paetor, quem hic videmus, nos capere cupit! Itaque nunc venit!"
4. Tum praetor, quem lictores adiuvant, furem accusat:
5. „Quid agis? Demonstra mihi eam statuam, quam tecum portas!
6. Certe statua ei viro est, qui a nobis auxilium petebat."
7. Tum liberos, qui prope viros stant, interrogat:
8. „Quid vos hic agitis?"
9. Liberi respondent: „Is vir, quem hic videtis, fur est! Eum comprehendite!"

››› Übung 2 Seite 84

1. Der Prätor, der über das Forum spaziert, nähert sich den Männern.
2. Der Dieb tadelt den Mann, dem er die Statue verkaufen will:
3. „Du bist dumm! Dieser Prätor, den wir hier sehen, will uns fangen! Deshalb kommt er nun hierher!"
4. Dann klagt der Prätor, dem die Liktoren helfen, den Dieb an:
5. „Was tust du? Zeig mir die Statue, die du mit dir herumträgst!
6. Bestimmt gehört die Statue dem Mann, der von uns Hilfe erbeten hat (der uns um Hilfe gebeten hat)."
7. Dann fragt er die Kinder, die bei den Männern stehen:
8. „Was tut ihr hier?"
9. Die Kinder antworten: „Der Mann, den ihr hier seht, ist ein Dieb! Ergreift ihn!"

››› Übung 3 Seite 85

1. Liberi tandem statuam, quam pater desiderat, vident.
2. Fur, cuius amici dormire malunt, cum viro disputat.
3. Praetor lictoribus, qui eum per vias ducunt, furem monstrat.
4. Liberi, quos praetor interrogat, de statua narrant.
5. Praetor verba, quibus liberi fabulam totam narrant, attente audit.

››› Übung 4 Seite 85

1. Die Kinder sehen endlich die Statue, die ihr Vater vermisst.
2. Der Dieb, dessen Freunde lieber schlafen wollen, diskutiert mit dem Mann.
3. Der Prätor zeigt den Liktoren, die ihn durch die Straßen führen, den Dieb.
4. Die Kinder, die der Prätor fragt, erzählen von der Statue.
5. Der Prätor hört die Worte, mit denen die Kinder die ganze Geschichte erzählen, aufmerksam an.

Abschlusstest

››› Aufgabe 1 Seite 86

1. Liberi *furem* capere cupiebant. *Fur* statuam rapuerat.
   Übersetzung: Die Kinder wollten den Dieb fangen. Der Dieb hatte die Statue gestohlen.
   Satzgefüge: Die Kinder wollten den Dieb fangen, der die Statue gestohlen hatte.
   Liberi furem, qui statuam rapuerat, capere cupiebant.
2. Fur *fugere* in animo habebat. Liberi *furem* inveniebant.
   Übersetzung: Der Dieb hatte vor zu fliehen. Die Kinder fanden den Dieb.
   Satzgefüge: Der Dieb, den die Kinder fanden, hatte vor zu fliehen.
   Fur, quem liberi inveniebant, fugere in animo habebat.
3. Praetor *liberis* appropinquabat. *Liberi* furem et virum observabant.
   Übersetzung: Der Prätor näherte sich den Kindern. Die Kinder beobachteten den Dieb und den Mann.
   Satzgefüge: Der Prätor näherte sich den Kindern, die den Dieb und den Mann beobachteten.
   Praetor liberis, qui furem et virum observabant, appropinquabat.
4. Lictores *praetorem* per urbem ducebant. *Praetori* semper parebant.
   Übersetzung: Die Liktoren führten den Prätor durch die Stadt. Dem Prätor gehorchten sie immer.
   Satzgefüge: Die Liktoren führten den Prätor, dem sie immer gehorchten, durch die Stadt.
   Lictores praetorem, cui semper parebant, per urbem ducebant.

››› Aufgabe 2 Seite 86

1. Liberi verbis furis et viri clam audiebant,	quia praetor vir honestus erat.	kausal
2. Lictores praetori antecedebant,	si praetor nobis appropinquabit.	konditional
3. Cuncti homines praetorem salutabant	cum praetor per vias urbis ambulabat.	temporal
4. Liberi deliberabant: Auxilium praetoris petemus,	cum subito praetor urbis apparebat.	temporal

››› Aufgabe 3 Seite 86

1. Die Kinder hörten heimlich den Worten des Diebes und des Mannes zu, als plötzlich der Prätor der Stadt erschien.
2. Die Liktoren gingen dem Prätor voraus, immer wenn der Prätor durch die Straßen der Stadt ging.
3. Alle Menschen grüßten den Prätor, weil der Prätor ein ehrenvoller Mann war.
4. Die Kinder überlegten: Wir werden die Hilfe des Prätors erbitten (den Prätor um Hilfe bitten), wenn der Prätor sich uns nähert.

10.1 Der Genitiv

Übung Seite 89

	genitivus possessivus	genitivus subiectivus	genitivus obiectivus
lat.	villa domini	timor liberorum	timor liberorum
dt.	das Haus des Herrn	die Furcht der Kinder	die Furcht vor den Kindern
lat.	vita mulieris	cura matris	cura matris
dt.	das Leben der Frau	die Sorge der Mutter	die Sorge um die Mutter
lat.	cloaca urbis	amor patris	amor patris
dt.	die Kloake der Stadt	die Liebe des Vaters	die Liebe zum Vater
lat.	familia Marci	timor pueri	timor pueri
dt.	die Familie von Marcus	die Angst des Jungen	die Angst vor dem Jungen
lat.		odium praetoris	odium praetoris
dt.		der Hass des Prätors	der Hass auf den Prätor

10.2 Der Dativ

Übung 1 Seite 90

1. Merces variae mercatori sunt.
2. Statua deae Vestae non ei viro est.
3. Pecunia multa patrono est.
4. Multi liberi senatoribus sunt.
5. Clientes cari patri sunt.
6. Servae bonae dominae sunt.

Übung 2 Seite 90

1. Der Händler hat verschiedene Waren.
2. Die Statue der Göttin Vesta gehört nicht diesem Mann.
3. Der Patronus besitzt viel Geld.
4. Die Senatoren haben viele Kinder.
5. Der Vater hat nette Klienten.
6. Die Herrin hat gute Sklavinnen.

Übung 3 Seite 91

1. Praetor furi sociisque appropinquat et interrogat:
   Funktion: Objekt
   Übersetzung: Der Prätor nähert sich dem Dieb und seinen Kameraden und fragt:
2. „Quid hic facitis? Cui statua aurea est?"
   Funktion: dativus possessivus, Prädikatsnomen
   Übersetzung: „Was tut ihr hier? Wem gehört die goldene Statue?"
2. Fur: „Seni statua erat.
   Funktion: dativus possessivus, Prädikatsnomen
   Übersetzung: „Die Statue gehörte einem alten Mann.

4. Amicis meis vendidit."
   Funktion: Objekt
   Übersetzung: Er hat sie meinen Freunden verkauft."
5. Sed praetor furi non putat.
   Funktion: Objekt
   Übersetzung: Aber der Prätor glaubt dem Dieb nicht.

10.3 Der Akkusativ

››› Übung Seite 92

Deutscher Satz	Lateinische Ergänzung / Übersetzung
1. Die Familie erwartet die Klienten.	Omnes in atrium properant. Alle eilen ins Atrium.
2. Eine wertvolle goldene Statue ist verschwunden.	Servi multas horas statuam quaerunt. Die Sklaven suchen die Statue viele Stunden lang.
3. Die Diebe kamen aus Athen.	Romam veniunt, quia in Graecia noti erant. Sie kommen nach Rom, weil sie in Griechenland bekannt waren.
4. Die Kinder wollen die Statue finden.	Per vias urbis currunt. Sie laufen durch die Straßen der Stadt.

10.4 Der Ablativ

››› Übung 1 Seite 94

1. Praetor cum lictoribus, cum liberis, cum fure, cum viro quinta hora ad vigiliam properat.	modi temporis
2. Eo loco et furem et virum multa interrogat.	loci
3. Tum fur praetorem lacrimis multis movere vult.	instrumenti
4. Sed fur spectaculo eo praetorem movere non potest.	instrumenti
5. Liberi narrant: „Fur patrem statua aurea spoliabat.	separativ
6. Nos multas horas et multis locis statuam et furem investigabamus!"	loci
7. Tum patronus venit et statuam a praetore accipit.	separativus
8. Studio liberorum valde gaudet.	causae

››› Übung 2 Seite 94

1. Der Prätor eilt mit den Liktoren, mit den Kindern, mit dem Dieb und mit dem Mann zur fünften Stunde zur Wache.
2. An diesem Ort fragt er den Dieb und den Mann vieles (viele Dinge).
3. Dann versucht der Dieb, den Prätor mit vielen Tränen zu bewegen (erweichen).
4. Aber mit diesem Schauspiel kann der Dieb den Prätor nicht erweichen.
5. Die Kinder erzählen: „Der Dieb hat die Statue unserem Vater geraubt.
6. Wir haben viele Stunden und an vielen Orten Statue und Dieb gesucht!"
7. Dann kommt der Patron und nimmt die Statue vom Prätor in Empfang.
8. Er freut sich sehr über den Eifer der Kinder.

Abschlusstest

Aufgabe 1 Seite 95

z. B.: genitivus possessivus – Besitzer; genitivus subiectivus – Subjekt/Person, die ein Gefühl hat; genitivus obiectivus – Person, auf die sich ein Gefühl richtet

z. B.: ablativus loci – Ortsangabe; ablativus instrumenti – Mittel oder Werkzeug; ablativus temporis – Zeitangabe; ablativus separativus – Trennung

Aufgabe 2+3 Seite 95/96

1. Dum praetor cum fure de statua disputat, liberi statuam deae Vestae maximo cum gaudio spectant.
   Bestimmung: genitivus possessivus
2. Fur magna voce vocat: „Statua non patrono est! Heri ignoto loco inveni!"
   Bestimmung: ablativus instrumenti, dativus possessivus; ablativus loci
3. Liberi rident: „Stultus es! Multas horas per urbem errabas et virum quaerebas, cui statuam patris vendere poteras!"
   Bestimmung: Akkusativ der zeitlichen Ausdehnung; genitivus possessivus
4. Praetor dicit: „Tu fur es! Mox in carcere urbis habitabis!"
   Bestimmung: genitivus possessivus
5. Tum lictoribus imperat: „Nuntiate domino! Nos curis eum liberabimus, quia liberi statuam inveniebant."
   Bestimmung: ablativus separativus
6. Sub vesperum liberi in villam redeunt. Ea nocte bene dormiunt.
   Bestimmung: ablativus temporis
7. Fur autem dormire non potest, quia timor carceris eum vexat.
   Bestimmung: genitivus obiectivus

Aufgabe 4 Seite 96

1. Während der Prätor mit dem Dieb über die Statue diskutiert, betrachten die Kinder die Statue der Göttin Vesta mit riesiger Freude.
2. Der Dieb ruft mit lauter Stimme: „Die Statue gehört nicht dem Patronus! Ich habe sie gestern an einem unbekannten Ort gefunden!"
3. Die Kinder lachen: „Du bist dumm! Viele Stunden lang bist du durch die Stadt geirrt und suchtest den Mann, dem du die Statue unseres Vaters verkaufen konntest!"
4. Der Prätor sagt: „Du bist ein Dieb! Bald wirst du im Gefängnis der Stadt wohnen!"
5. Dann sagt er den Liktoren: „Meldet es dem Herrn! Wir werden ihn von seinen Sorgen befreien, weil die Kinder die Statue gefunden haben!"
6. Gegen Abend kehren die Kinder in die Villa zurück. In dieser Nacht schlafen sie gut.
7. Der Dieb aber kann nicht schlafen, weil ihn die Angst vor dem Gefängnis quält.

Bildnachweis
Blechschmidt: © S. 77; **Foto Augusta Raurica, www.augustaraurica.ch:** © S. 10, 20, 38, 40; **Patricio Lorente:** © S. 6; **Shutterstock.com:** S. 5 r. © michaeljung, S. 15 © Galina Barskaya l., S. 15 r. © Tyler Olson, S. 18 © Valery Shanin, S. 25 l., 35 © Benedictus, S. 25 r. © racorn, S. 28 © Danilo Ascione, S. 35 r. © michaeljung, S. 37 © Reeed, S. 41 r. © michaeljung, S. 44, 49 l. © Clara, S. 49 r. © Monkey Business Images, S. 55 © Misha Shiyanov, S. 56 © Timur Kulgarin, S. 57 © Eric Isselée, S. 63 r. © Pressmaster, S. 65 © Ant Clausen, S. 68 © Chasmer, S. 70 © Luciano Mortula, S. 71 © Aaron Wood l., S. 71 r. © Lisa F. Young, S. 74, 87 l. © Andrejs Pidjass, S. 75 © Piotrwzk, S. 78 © Valenciano, S. 79 © Regien Paassen, S. 81 r. © Pressmaster, S. 82 © Oldrich Barak, S. 85 © Sergey Rusakov, S. 89 l., 89 r. © Mountainpix, S. 90 © Jeff Dalton, S. 94 © Al Rublinetsky, S. 95 © Route66, S. 97 r. © Tyler Olson l.; S. 97 © CandyBox Images. **Fotolia.com:** S. 5 © Phoenixpix l., S. 41 © Mus1 l., S. 51 © Claudia Otte, S. 61 © Frédo, S. 81 © Toro l., S. 87 r. © jogyx, S. 91 © Maciej Karcz

Stichwortfinder

In zwei Welten zu Hause:
online und offline.
Langenscheidt Schulwörterbuch Pro
BUCH + ONLINE
L
Langenscheidt Schulwörterbuch Pro
Latein
Lateinisch – Deutsch
Deutsch – Lateinisch
Im Buch blättern oder online nachschlagen – das Wörterbuch von morgen lässt dir heute schon die Wahl. Das neue Langenscheidt Schulwörterbuch Pro: Für Englisch, Französisch, Latein, Italienisch und Spanisch.
Mehr unter www.langenscheidt.de/schulwoerterbuch
L
Langenscheid